古代歷史文化研究輯刊

三一編

王明蓀 主編

第 **30** 冊

民俗雕版木刻研究
（第四冊）

鄧啟耀 等著

國家圖書館出版品預行編目資料

民俗雕版木刻研究（第四冊）／鄧啟耀 等著 -- 初版 -- 新北市：
花木蘭文化事業有限公司，2024〔民 113〕
目 8+208 面；19×26 公分
（古代歷史文化研究輯刊 三一編；第 30 冊）
ISBN 978-626-344-682-3（精裝）
1.CST：版畫 2.CST：民俗 3.CST：研究考訂 4.CST：中國
618   112022541

ISBN-978-626-344-682-3

古代歷史文化研究輯刊
三一編　第三十冊　　　　　　　ISBN：978-626-344-682-3

民俗雕版木刻研究
（第四冊）

作　　者　鄧啟耀等
主　　編　王明蓀
總 編 輯　杜潔祥
副總編輯　楊嘉樂
編輯主任　許郁翎
編　　輯　潘玟靜、蔡正宣　美術編輯　陳逸婷
出　　版　花木蘭文化事業有限公司
發 行 人　高小娟
聯絡地址　235 新北市中和區中安街七二號十三樓
　　　　　電話：02-2923-1455 ／傳真：02-2923-1452
網　　址　http://www.huamulan.tw 信箱 service@huamulans.com
印　　刷　普羅文化出版廣告事業
初　　版　2024 年 3 月
定　　價　三一編 37 冊（精裝）新台幣 110,000 元　　版權所有‧請勿翻印

民俗雕版木刻研究
（第四冊）

鄧啟耀　等著

目

次

第十二章　攻擊和化解

權力和利益的爭奪，不僅在國家、族群、階級、村落等層面展開，在宗族、家庭乃至個人之間，也屢見不鮮。在這樣的社會環境中，對異族異文化的防範，認為他人就是地獄的觀念，十分普遍。於是，攻擊或防止他人攻擊，就成為滲透在文化心理中，體現在各種信仰和民俗行為裏的一種常態。

一般來說，戰爭、械鬥只是一種外顯的行為，而在傳統社會，還有許多內隱的行為，在製造著傷害。從遠古時代一直延續到現在的黑巫術，就是一種在許多民族中存在的信仰；而關於如何化解這些邪術的方式，也是蔚為大觀。

一、巫蠱

巫蠱是在甲骨文時代就被記錄在案的黑巫術，在原始文化中是極為普遍的現象。原始人類通過這種幻化的方式，來處理與自然、與社會以及與其他人的矛盾。《周禮‧秋官》有「庶氏」職，「掌除毒蠱」；漢代因為權爭，曾有殃及萬人（包括皇后和太子）的「巫蠱之禍」；唐代、清代的法律，設有專治巫蠱的刑罰條例，治罪都比較嚴重。

許多民族都有「蠱」或類似「蠱」的東西，稱謂上有的音近於「蠱」（見前節所舉之例），有的則完全不同，如在雲南，對這類東西，漢族稱為「五海」，壯族稱「拍獻」，瑤族稱「爾點」，傣族稱「琵拍」，哈尼族稱「變貓鬼」，拉祜族稱「撲死鬼」和「氣迫」，景頗族稱「阿匹鬼」，彝族叫「使鬼」、「放歹」、「養藥」，納西族叫「養小神子」，白族、傈僳族叫「殺魂」、「做歹」或「養藥」，瑤、黎等族叫「禁」或「禁咒」等等。相傳「歹婆」一般都長得漂亮，胖胖的，臉色紅白濫仗（雲南方言：意為紅潤）。做歹是陰傳或祖傳，傳三代。來睡一夜，抓給人背上一下，就著了。

　　民間有很多化解的方式，服用瀉藥是常見的方式，做法事焚燒「甲馬」等類紙符，也是一種辦法。過去做得極端的，對於被指認為做歹的人，要拿斧頭去嚇，拿竹筒裝尿澆她的頭，甚至綁在樹上燒，捆縛石頭沉江。〔註1〕

1. 蠱神紙

蠱神

　　娃娃「有邐遏」（中蠱），拿蠱神紙和黃錢，一邊在娃娃頭上繞，一邊念：「幹緊喇嘛來收去」！燒一對錁，三兩錢，和龍神等一起燒。蠱神造型，均為一穿寬袖長衣，站在荊棘樹下者，懷裏伸出兩條蛇來。這與民間傳說對養蠱者的想像比較謀合。

蠱神。雲南畹町　　　　　蠱神。雲南巍山　　　　　蠱神。雲南大理

天蠱之神

天蠱之神。雲南大理

〔註1〕詳見鄧啟耀：《巫蠱考察——中國巫蠱的文化心態》，漢忠文化事業股份有限公司、中華發展基金管理委員會，1998年版。

蠱界

蠱界。雲南德宏

2. 蠱師紙

後宮娘娘

　　據《史記》等古籍記載，漢代宮闈盛行巫蠱之事。後宮諸妃為了爭寵，紛紛請來道士師娘，製蠱惑人，以致釀為大禍。後宮娘娘也許就因此而成為巫蠱之神的吧。在民間刻印的馬子上，娘娘坐於帷幕之間，目光陰鬱，面前有毒蠍之類蠱物，活脫脫一副養蠱者的架式。據大理白族村民述：「大理周城過去還有後宮娘娘廟，她的塑像就坐在一條飛龍背上，腳下還踩著一隻老虎，她的帽子上有各種動物、昆蟲的圖案。」後宮娘娘帽子上的動物和昆蟲圖案，當為蠱蟲；飛龍和飛虎則是她收服的天蠱和地蠱。在白族地區的傳說中，後宮娘娘曾經養蠱害人，也愛子如命。經觀音教育改邪歸正之後，負責管理養鬼養蠱婆。〔註2〕在巍山，娃娃肚子疼，撞到邋遢的東西（民間一般把中蠱稱為撞到「不乾淨的東西」），就要和飛龍飛虎馬子做一套，在門前燒化；情況嚴重的，要殺一隻白公雞，到東嶽宮或縣城橋旁的衍陽廟（被訪者誤說成陰陽廟）燒。

〔註2〕楊郁生：《雲南甲馬》，雲南人民出版社2002年版，第227頁。

後宮娘娘。雲南巍山　　　後宮娘娘。雲南巍山　　　後宮娘娘。雲南巍山

後宮娘娘。雲南巍山　　　後宮娘娘。雲南巍山

3. 蠱靈紙

飛龍

　　飛龍是後宮娘娘收服的天蠱，專吃嬰兒血。有的人家養蠱，放出來吃娃娃。娃娃吃多了吃壞了，撞著飛蠱，肚子疼、腹瀉、邋遢，就是天蠱作祟。取飛龍馬子和三炷香捆在掃帚上，熏掃房梁房柱屋簷和牆角，然後燒化，燒的時候要在每張飛龍馬子裏夾5～7張黃錢。傳說養蠱者每天黃昏時分偷偷用雞蛋炒飯，「咪咪咪」呼喚蠱回來餵食，所以投其所好，也需備一碗蛋炒飯，祭獻後把蛋炒飯撒在屋簷下。除蠱用燒紅的鐵鍊，放油鍋裏，念雪山咒。

飛龍。雲南大理　　　　飛龍。雲南大理

飛龍。雲南巍山　　　　飛龍。雲南巍山　　　　飛龍。雲南巍山

五方飛龍

五方飛龍。雲南洱源　　　　　五方飛龍。雲南大理

五方飛龍、三姑娘娘。雲南大理　　　五方飛龍、三姑娘娘。雲南大理

非（飛）虎

非（飛）虎也是後宮娘娘收服的天蠱，和飛龍一起祭祀。

非（飛）虎。雲　　非（飛）虎。雲　　非（飛）虎。雲　　飛虎。雲南保山
南祥雲　　　　　南彌渡　　　　　南大理

飛蟲

飛蟲。雲南大理

飛絲

　惹著高處飛的，看不見的東西，眼睛疼，小娃娃痢痢不止，就是惹著飛絲了。高處惹的，要在高處辦（祭獻）。搞一些粑粑、香茶，拿篩子擺起獻。再拿一個簸箕，用稀飯糊起簸箕眼，請一位寡婦，一邊拿竹刷敲打，一邊轉動簸箕，嘴裏念：「天蠱地蠱、泥鰍蠱黃鱔蠱，莫吃媄媄（小娃娃）的屁股，屁股臭，吃粑粑，粑粑香。」轉一下，挑丟一點稀飯。

飛絲。雲南騰沖　　　　　　飛（絲）。雲南騰沖

飛土

被物纏繞，百事糾纏不清，被「魘著了」，就要獻獻「飛土」。

飛土。雲南騰沖

各種蠱靈

在雲南昆明有一種幅面很大的紙符「五方龍土禍穢」，上面印滿了各種蠱靈邪神，如飛蛾蠱神、長蟲蠱神、五毒蠱神、蛤蟆（蟆）蠱神等，都是當地民間熟悉的蠱靈。在另外的紙符上，它們的稱呼有所不同，但從造型看均屬同類。還有一些被指為禍穢邪靈的，有的人們比較熟悉，如五方龍神、巡海夜叉、風伯雨師之類，有些屬於地方性邪靈，如虎頭將軍、夢夢河、九子娘娘、感應樹王、金花銀花、五方天子、當事保官、二位老祖、阿姑老祖、侯白天子之類，

還有一些可能是淫祀小廟的邪神，如太平寺、永全寺之類。五方龍土與各種禍穢邪靈裏絞在一起，所以要禳祛儀式中加以安撫和驅趕。

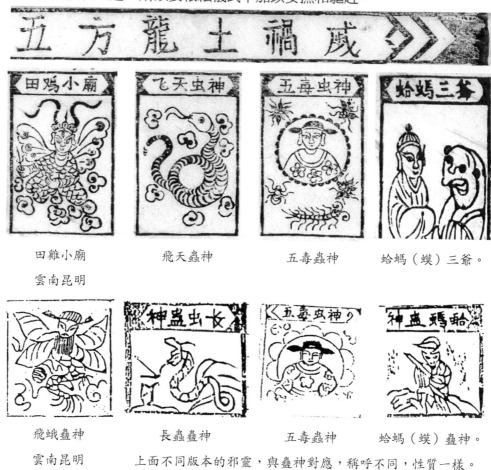

田雞小廟　　　飛天蟲神　　　五毒蟲神　　　蛤蟆（蟆）三爺。
雲南昆明

飛蛾蟲神　　　長蟲蟲神　　　五毒蟲神　　　蛤蟆（蟆）蟲神。
雲南昆明　　　上面不同版本的邪靈，與蟲神對應，稱呼不同，性質一樣。

4. 甲馬紙

在雲南巍山、楚雄、騰沖、梁河、畹町等地，被稱為「甲馬」的紙符，專用於巫蟲、詛咒、仇殺等黑巫術。著蟲的，魂不在了，用甲馬雲馬紙，五方五地擺上紙錢，在外面燒。一邊燒一邊念：某某某回來了！

甲馬

甲馬紙除了信得過的道人，一般不輕易出售給人。筆者在雲南巍山紙火鋪欲購一張紙馬供研究用，被店老闆告知：「一塊錢一張（一般紙馬賣 5 分錢一張）都不會賣。也不是不賣，而是要賣給懂得跳神的神家」。「人遇到東西丟了，打爛架（械鬥），互相有仇，賭咒，互相整蟲，就會用這個馬子，拿一張供起。

別人曉得（供了甲馬），就不敢再去拿去偷。因為你家裏供著甲馬，會被咬著。抬犁頭的，燒了（甲馬）他就抬不起來。」在雲南梁河，也這樣使用。東西丟了，懷疑是某人所為，但拿不到證據，對方也不承認。爭執不下時，就請神判。買來甲馬紙，兩人去廟裏磕頭，詛咒：「如某某拿了，當時就死；如果沒拿，虛空過往亂詛咒，就要遭報應。咒就咒，騙你也會著。」當地人認為，「這個馬子太無聊，不能亂用，用錯了對人對己都不好。」由此推測，這類被稱為「甲馬」的紙符，在當地可能兼有做黑巫術法事和神判裁訣的功能。

甲馬。雲南騰沖

甲馬。雲南騰沖

甲馬。雲南騰沖

甲馬。雲南巍山

甲馬。雲南騰沖

甲馬神。雲南大理

甲馬。雲南畹町

甲馬。雲南畹町

甲馬。雲南巍山

甲馬。雲南巍山

甲馬。雲南大理

甲馬。雲南保山

甲馬。雲南巍山

甲馬。雲南大理

甲馬。雲南保山

甲馬之神

甲馬之神。雲南大理

甲馬之神。雲南大理

玄馬

玄馬。雲南大理

順甲馬和倒甲馬

甲馬還有「順甲馬」和「倒甲馬」。人在馬之後的是順甲馬,其作用是迎神,使用時必須同時將五張順甲馬來表示東西南北中五個方位;人在馬之前則為倒甲馬,專用於驅鬼捉祟,厲害無比。〔註3〕

倒甲馬。雲南巍山　　　　　　　　　順甲馬。雲南巍山

5. 解蠱紙

三姑娘娘

民間傳說,三姑娘娘是觀音的三妹,和觀音同鍋吃飯,各修一方(「各修各的好事」)。三姑娘娘有鳥翅,管五方飛龍。

〔註3〕高金龍編著:《雲南紙馬》,黑龍江美術出版社 1999 年版,第 1 頁。

五方飛龍、三姑娘娘。雲南洱源　　　三姑娘娘，五方非龍。雲南大理

飛龍娘娘

本方飛龍娘娘之神。雲南大理　　　飛龍娘娘。雲南大理

口供

　　「作歹」，是雲南騰沖一帶指稱會巫蠱之術的蠱師。據當地人說，會作歹的人都是女性，長得好看，嘴甜，家裏悄悄地供著蠱師。她姑娘（女兒）結婚的時候，她要傳給她這個手藝。如果碰到有人「作歹」，準備小雞小鴨，拿三個碗，碗下壓兩塊錢，祭獻「口供」紙馬。獻完後請師娘瞧。師娘是神靈附體得的法術，得的時候要瘋一段時間，亂飛亂跑，從樹上跳下來、鑽刺棵不會受傷。她心好，曉得是哪個作的歹了，就把獻過的小雞丟去作歹的人家，讓那人領受去。

口供。雲南騰沖

二、清淨退掃

退掃用 25 種紙符：瘟司聖眾、五路刀兵、白虎、眾神、替身、太歲、哭神、打獵將軍、掌兵太子、白鶯太子、瘋魔祖師、羊希、水汗之神、解冤、橋神路神、消神、黑煞、夜遊、獨腳五郎、水火二神、血腥亡魂、樹木之神、張魯二仙、喜神、土神。

1. 清淨符

清淨，在民間信仰裏有自己的解釋，指的是沒有被邪穢侵犯。清淨符掛在屋裏，可消災保身、辟邪解難。

道人手繪的清淨符。雲南昆明至果道人提供

玉皇消災保身真經

上書「太上老君辟邪，玉皇大帝消災解難，永保平安」。

玉皇消災保身真經。廣東

2. 退掃符

退掃

退掃符用於掃除消退邪靈百怪，凡起房建屋，難免驚動異靈，各種鬼怪也會趁虛而入，所以，建新房之後舉行的「謝土」儀式中，除了要酬謝土地諸神，還要退掃不期而至的妖魔鬼怪，此為獻「陽土」；如果去上墳，則是獻「陰土」，也要用此符。「消神」專司退掃邪穢的事，他持刀劍喝退群妖，並立劍為界，為祭獻者劃出一條鬼邪難進的隔離帶。

退掃百怪。雲南大理　　　退掃。雲南騰沖　　　退掃。雲南保山

退掃。清，雲南騰沖　　　　　　退掃。清，雲南騰沖

退掃。雲南騰沖　　　　　　　退掃。雲南騰沖

退掃百怪

退掃百怪。雲南大理

哭神

　　民間比較忌諱來自己家裏哭訴的女人，認為會帶來哭神，讓自家家道不順，冤冤孽孽。祥林嫂之所以犯忌諱，就是因為國民的這種心態。不得已聽人哭訴了，就會在哭訴著走後，悄悄買來哭神紙馬，在她坐處繞繞，祭獻後送出焚燒。小兒夜哭，家裏經常吵架哭鬧，是哭神作祟；有外人來家裏哭，或者講了傷心的事，也會帶來哭神，會使家道不順，必須把它送走。我問：現在電視上老是哭哭啼啼的，有沒有影響？她們回答，電視上哭不算，要真人真事。

哭神。雲南巍山

哭神。雲南巍山

哭神。雲南大理

哭神。雲南巍山

哭神。雲南巍山

哭神。雲南大理

男女哭神

　　哭神一般是女性。如果男女皆哭，麻煩比較大。

男女哭神。雲南大理　　　男女哭神。雲南大理

草甲（鬧白虎）

「草甲」是專司制服白虎的神將，做「鬧白虎」儀式時使用。畫面為一武神或負劍者，旁邊有一倒地的老虎（或為白虎），即有降服白虎災星之意。雲南畹町用於叫魂，與甲馬紙一起燒。

草甲。雲南畹町　　　草甲。雲南保山　　　草甲三郎。雲南大理

草甲。雲南騰沖　　　草甲。雲南保山　　　草甲。雲南大理

三、口舌是非

傳統鄉民社會，人聚在一起，喜歡議論別人的家長里短。而盤弄是非、造謠惑眾，也成為一些人無事生非的「習俗」。所以，口舌是非是人們最容易碰到也最讓人討厭的一種麻煩。在佛教等一些宗教訓誡裏，犯了口舌是非之罪的人下地獄後要過「拔舌獄」；在民間信仰法事中，則希望通過祭祀口舌神，消除口舌是非。

1. 口舌

俗話說，誰人背後無人說，說說倒也罷了，就只怕招惹上了口舌是非。「人言可畏」、「惡語傷人六月寒」、「一言以喪邦」，言語的力量不得不令人畏懼，口舌傷人變成是非的事情實在太多，需要做些儀式化解，才能尋得一個清靜的所在。

口舌

家庭不睦，經常吵架，或是背後有人說閒話，盤是非，就要祭獻口舌。如果是犯太歲惹的口舌，還要加一份太歲紙，一份錁，拿瓦片撮一點熱灶灰，安點香油，倒在火上，一邊念：「勒勒勒！口舌出去了！」送口舌出門。口舌紙的燒化不能在家裏，要在戶外，意思是不要讓口舌是非進家。這個紙也不能亂燒，夫妻感情好、媳婦對婆婆好，就不要燒了。口舌紙有仙人和神鳥驅趕小人的描繪。

口舌。雲南保山　　　　　口舌。雲南巍山　　　　　口舌。雲南大理

口舌是非

口舌是非。雲南保山　口舌是非。雲南保山　口舌是非。雲南　口舌是非。雲南保山
　　　　　　　　　　　　　　　　　畹町

十大舌神聖

具體有哪十大「舌神聖」，內容不詳。

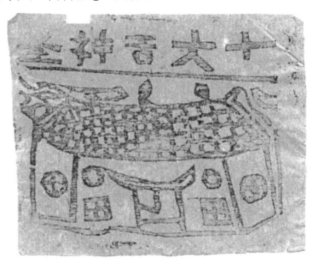

十大舌神聖。雲南巍山

匹公匹母

　　匹公匹母也與吵架和啼哭有關。如果鄰居吵鬧打罵，跑到你家來哭訴，就會把他家的邪氣帶過來。一般人當面不好拒絕，只能事後悄悄去祭祀「匹公匹母」，備五色禮和冥錢紙衣，請它們遠遠離開。〔註4〕

〔註4〕趙寅松、楊郁生主編:《中國木版年畫集成・雲南甲馬卷》(集成總主編馮驥才)，
　　　　中華書局2007年版，第276頁。

匹公匹母。雲南大理

匹公匹母。雲南大理

田野考察實錄：雲南騰沖傈僳族「趕口舌鬼」

口舌鬼在傈僳語中為哑冽、瘍冽、以及滑亥皮蘇克（找肉魂的）、哑亥皮蘇克（找穀魂的），統稱為「口舌」，即看到人家生活好就要害人家的鬼，是一種類似於巫術的邪惡力量。〔註 5〕

該儀式一般只在晚上舉行，但儀式的準備在下午就開始了，通常要先到街上買兩隻牛腳，褪毛後長時間煮製。尼扒提前削樹枝製作「口舌鬼」：一分米左右直徑、一尺長小樹幹縱剖兩半，取其中一半，一端削成斜面，一端削尖。在縱剖面上用木炭畫上一個人，頭頂再畫上老鼠、蚊子等被認為是有害的動物。削成的斜面處於動物的上方，畫上太陽或月亮。因為有四種稱呼，因此這樣的形象化的口舌鬼需要四個。最為突出的地方是，這些小人的胸口，都畫上一個圓形的圈，表示心臟的位置。它們被放置在竹子和草編成的一尺半長寬的托架上，兩邊再擺上同樣處理的樹枝，但畫著樹枝圖案。托架四角都插著用白色草紙做的小旗子，另外插兩朵紙花，四支香，一個雞蛋。整個托架主要用來形象化地表現口舌鬼所在的空間，在接下來的過程中，它們會被尼扒在儀式中殺死。

〔註 5〕在麗江附近的納西族地區也有「口舌是非鬼」的觀念，但與古永傈僳相反的是，納西的東巴是「供養口舌是非諸鬼」的，其儀式叫做「祭崩」。做儀式的同時，還要廣邀賓客。所以其是一個獻祭的儀式而非驅趕的儀式。參見：鮑江，《象徵與意義——葉青村納西族宗教儀式研究》，博士論文，中央民族大學民族學系，2003 年，第 30 頁。

　　在做保駕之前已經請過自己家的「別扒」下來。吃完晚飯，尼扒就開始裝
備自己：背上砍刀，帶上匕首狀「小刀」，帽子後沿和後腰、胸前各別上一尺
長寬的棕毛氈一塊，用來擋住可能遭致的鬼的襲擊。左手拿一根一人多高的梭
鏢。把剛才做好的托架放在堂屋內靠門口的位置，「口舌鬼」的頭朝向門外。
尼扒在地上用兩把砍刀交叉起來成剪口，刀口向外，脫掉鞋子後右腳踩在砍刀
交叉處。右手拔出砍刀，用刀背大力敲擊放在旁邊的一個犁頭。發出鐋鐋之聲，
同時大聲念誦：

　　　　呔！阿破！阿鐵！（驅趕的象聲詞，模仿用刀敲響器的聲音）
　　咂冽什扒咂冽什媽，癟冽什扒，癟冽什媽，滑亥皮蘇克，咂亥皮蘇
　　克。不知道你是不是某家的口舌，這一家人，這一家有功的人，成
　　天幹活稻穀好的人，看了說能吃了的人，去找錢說找到錢的人，找
　　好的說又找到好的人。你口舌什扒，你口舌什媽，你黑口舌什扒，
　　你黑口舌什媽，今天晚上你的吃什扒來了，你的吃什媽叫過來了。
　　這一家人，這一家有功的人。你拿走肉魂還肉魂，你拿走稻魂還稻
　　魂，你拿走財魂還財魂，你拿走好的魂還好的魂。你在幹活處拿走，
　　就還在幹活處。你在做飯處拿走就還在做飯處。你在籃子裏拿了就
　　還在籃子裏。你在泡酒處拿了就還在泡酒處。你口舌什扒，你口舌
　　什媽。養牲口說牲口好了的人，養雞說雞好了的人，做飯說飯好吃
　　的人，泡酒說就好了的人，趕蜜蜂說趕著蜜的人，去找錢說找到錢
　　的人，找好的說又找到好的人。這一家人，這一家有功的人，你在
　　這一家呆得長了，你在這一家在得長了。你高高興興地回你的家，
　　你高高興興去找你的身。你高高興興地去找你的大兒媳婦，你高高
　　興興地去找小兒媳婦，給你一隻雞頭雞身，給你一頭豬頭豬身，給
　　你一隻牛腳牛身。你的兄弟姐妹有四個，一個給你們兩面旗。這一
　　家人，這一家有功的人。過了今天晚上，過了今天，你拿走了財魂
　　還財魂，你拿走了好的魂還好的魂。在支扣子的地方拿走的就還在
　　支扣子的地方。來拿領牲來拿雞位，來領受！

　　之後殺豬。殺一隻小雞，把血液灑在「口舌鬼」上面，再念：「你口舌什
扒呢，你口舌什媽呢，給你一頭豬頭豬身，給你一隻牛腳牛身。不要讓它（各
種好的魂）過坡，過坡了要幫堵上。需要堵的時候幫整整，需要堵的時候幫獻
獻。讓它出肉，讓它出糧出米，不要讓它出死的病的。你們還肉魂還米魂，還

兒子魂還姑娘魂。來領受！」其目的是通過獻祭，讓口舌鬼攔住被趕走的當事人靈魂。很快，煮熟的小雞，豬身、牛腳骨頭，還有一碗米飯被端上來，尼扒繼續念誦。

> 呔！（剛才提及的所有的鬼），剛剛還只是領牲，剛才還只有酒位。煮肉肉還不冒香氣，煮飯飯味還不香。咂務媽（大吃的女人，意為喜歡眼紅人家的食物）來吃得了，多務媽（喝得多的女人，含義與上面一樣，她們也是口舌鬼的一種稱呼方法）來喝得了。有人這家人，有功這家人。不曉得你們是不是蔡家的，不曉得你們是不是余家的。不曉得你們是不是漢人，不曉得你們是來自哪裏的。不曉得你的名字，不曉得你是不是我們的人。我找來香火，我找來豬身，我找來雞身。你們兄弟姐妹四個，你們這樣這家人。你拿了肉魂還肉魂，拿了稻魂還稻魂，你拿了兒子魂還兒子魂，拿了姑娘魂還姑娘魂。你拿了一種還兩種。口舌什扒，口舌什媽，你在支扣子處拿了還在支扣子處。你在生兒子的地方拿了就放在生兒子處，你在抱女兒處拿了就還在抱女兒處。你放回你拿走的地方。你們這樣大，你們這樣高，你們這樣辣糙，你們這樣強。找錢讓他們好找，找好的讓他們好找，腳落地就踩著財，手抬起來就拿著好的。（念一遍所有的）你們來吃，你們來喝，來領受！

到這裡為止，儀式仍然和獻祭天神、土地的儀式一樣，主要目的是請口舌鬼過來享用拜祭物。但之後，放置口舌鬼的托架包括拜祭品整個被抬到門外並轉向 180 度，小人的頭部對著大門，口舌鬼馬上從被供奉的對象變為被追殺的對象。其後畫著的四個小人形象被拿下來，並排直插在堂屋門口的空地上，小人面對大門。尼扒拿起梭鏢，念誦：

> 呔！（剛才提及的所有的神），你上不得天，你進不得地。你說你要上天，大蜜蜂來趕你。你說你要進地，土鼠來翻你。我是讓你見好的人，我是讓你見吃的人。我是讓你變高的人，我是讓你變強的人。我講的話像打雷一樣打呢，我做事像打閃電一樣打呢。咂務媽你來吃，多務媽你來喝。吃了喝了還回來，吃了喝了交回來。你拿了肉魂還肉魂，拿了稻魂還稻魂，你拿了兒子魂還兒子魂，拿了姑娘魂還姑娘魂。（當事人把含在嘴裏的肉又吐出來）吃還給你，喝還給你。

　　助手拿起弓弩，對準小人胸口的圓圈位置射箭，小人應聲倒地。同時大聲說：「呔！口舌什扒們，口舌什媽們。不是哪個什麼都能看見，是我讓你什麼都看見。露著胸接著了！」旁邊的其他人幫腔齊聲和：「倒了倒了！」接著從右往左依次射翻口舌鬼，由於弓弩力量很大，用竹簽削成的箭深深地插進，不會掉出來。尼扒每次都問：「你是不是著了（被射中）？口舌什扒，口舌什媽，你們是不是著了？」旁人均和道：「口舌什扒，口舌什媽先去了！」在射完四個口舌鬼後，尼扒也在同時把手中的梭鏢扔出，扎在口舌鬼旁邊的地上。

　　尼扒進入堂屋，端起蒿子水碗出門，向外噴蒿子水，使這一塊空地潔淨。其他兩個相幫的人拿起托架和祭品（雞、豬、牛腳的骨頭和部分肉、雞蛋）快速走出院子，尼扒用一束竹片做成火把，三人一起走到河邊。把能吃的肉、蛋快速吃掉，骨頭扔進河中，「口舌鬼」、托架，尼扒身上的棕毛氈等全部燒掉。表示口舌鬼被趕出這一家，再也不能回來。儀式基本結束，由於今天還同時請了保駕和土神下來，能夠趕走口舌鬼也有他們的功勞，因此尼扒進入家中後，面對家堂的位置念誦，燒紙錢，感謝保駕和土神：

　　　　呔！我請土主什扒們，土主什媽們。我請保駕什扒們，保駕什媽們。請你們一天，把口舌什扒，口舌什媽送出去。剛剛給你們打十二對紙火，一次性給你們。這是你們的茶葉錢，你們一個也不要鬧架。你們這樣高，你們這樣大。去哪裏獻鬼，不是我辣糙，不是我贏。請你們吃酒，請你們吃肉。別人掀了十次不得，我們獻一次就行了。不要讓他成毒，名字不要讓它掉。有鬼毒才有人毒，有鬼名掉才有人名掉。我的耳朵聽不見，我的眼睛看不見。都是你們來做的，都是你們來幫的。你們吃肉，你們喝酒。

　　尼扒第二天回去後再「回堂」，感謝別扒的幫助，整個儀式結束。〔註6〕

2. 詛咒

　　民事糾紛中，有些找不到證據而又懷疑對方是嫌疑人的，就會懷疑是被人詛咒了。遇有爭吵，有的人逞口舌之快，詛咒他人，這是特別犯忌的事。因為在一種巫術化的文化語境中，詛咒和反詛咒都是會發生作用的。

〔註6〕本田野考察實錄由筆者的博士研究生、項目組成員熊迅調查撰寫。

　　近年因國際事務的分歧，網絡上還流行一種巫術化的「愛國」詛咒，例如某道士畫了一道符，除了陰陽八卦、敕令秘符之類，還在符中書寫「某某核心價值觀在此鎮」，壓在被視為敵國的國旗上。這類會玩新媒體的人，意識還停留在巫術時代。

咒神

　　用於還咒願。「你我兩個，你罵我，或者搞過我什麼，比如你把我姑娘偷去賣，我問，你說沒有，就咒你，買咒神紙來燒。」（騰沖紙火鋪老人）騰沖「咒神」紙符描繪兩個人手持牲畜，正當堂對質。堂上有一官員，一文書，桌上備有筆、筆架、硯臺和茶杯，準備錄供。大理的「瘟司詛咒」似專涉瘟疫之事的詛咒，與「瘟司聖眾」紙符造型類同。

咒神局部。雲南騰沖　　咒神。雲南騰沖　　咒神。雲南騰沖

嚷冤咒盟神

鳴冤咒盟神。雲南大理

瘟司詛咒

瘟司詛咒。雲南大理

田野考察實錄：華南驚蟄「打小人」

　　廣東省東莞市漳澎村有一種儀式叫「燒除」，也即打小人。村民認為做事不順，有可能是小人作怪。小人不一定是一個具體的人，而是一個模糊的總稱——那些阻礙別人發展、陷害別人的人。做這個儀式，可以由覺得自己有小人煩擾的信眾親自打，也可以請拜神婆來打。打小人要在土地宮處，準備一幅「除衣」，上面印著「小人」二字。然後給土地和社稷上香，奉神，稟告神靈委託人的姓名和因何事要打小人。再放帶來的米、雪梨、荸薺和雞蛋。雪梨的梨字和離開的離同音，即讓小人離開、遠離是非的意思，把雪梨分開兩邊，即分離（梨）。荸薺，粵語又叫馬蹄，就是踢開小人的意思。熟雞蛋也要切開兩半，表示將壞事分開。帶來的米分為兩份，一份用來放在社稷神位之前，表示「放米拉好人」；另一份是用來撒，表示「撒米砸壞人」。再用拖鞋去打那幅「除衣」，即那些說你壞話的小人，一邊打，一邊詛咒它。打小人不需要小人的生辰八字，因為小人只是一個模糊的統稱。打小人時一般都會念：「打你手不能動，打你口不能動，打你腳也不能動」或者「打你的小人頭，打到你有眼都唔識偷，打你的小人口，打到你有氣沒定透（有嘴巴也無法呼吸），打你的小人腳，打到你遲早變跛腳……」之類的，念完後燒掉帶來的金銀紙和元寶以供奉神鬼。最後打聖杯，得勝杯的話說明儀式結束。小人走了之後不需要還神。

　　2017年3月5日，節令驚蟄。一大早，筆者即帶學生到廣州純陽觀考察「打小人」活動。

出中山大學南校區南門，穿過人來車往的布匹市場，純陽觀就在一條也不清淨的小巷內。不過，高高的圍牆和門票，攔住了些許喧嘩。

純陽觀建在鬧市區難得一見的小山包上。購票進入大門，拾級而上，到頂才是山門。門前一塊平地上，已經蹲了一溜大媽，自顧自忙自己的活。她們每個人面前，都擺有一個小花盆，用來插香點燭，看來是觀裏提供的。盆前放三個供果，一疊紙符。紙符多為「小人符」、「四靈符」等。有的大媽帶來一些小塊的肥肉，把它們分別放在各種小人和靈獸的嘴邊，祭過；有的大媽就是念念燒燒，來去匆匆；有一個大媽看去很專業，她手拿一把環首刀，環上串著一些小環，用環首擊打放在地上的紙符時發出金屬碰撞的清脆聲音。她一邊擊打紙符，一邊口中念念有詞，歷數欲打的「小人」和禍穢名目，鏗鏘有調，如吟如誦。念一段，燒一張紙符。她的紙符很多，似乎是為多人而為。其他大媽辦完自己的事就走了，只有這位大媽，一絲不苟，直到燒完帶來的全部紙符。

一些做完儀式的大媽，又從包裹取出幾張紅綠兩色的貴人紙，圖像為貴人騎馬，文字為「貴人指引，四方大利」。她們把它們黏貼在道觀前的大樹上，然後匆匆離去。

我抽空請教做完法事的大媽，問所念可有具體所指的人事？大媽說沒有，只是泛指一切不好的東西；再問紙符上的肥肉，大媽笑道，小人和白虎都貪吃，嘴裏沒油到處亂說。塞它嘴裏一些肥肉，就不得空盤弄是非了。〔註7〕

道觀門前空地驚蟄打小人的地攤。廣州，2017，鄧啟耀攝

〔註7〕本田野考察實錄由鄧啟耀和項目組成員、中山大學人類學系碩士研究生區海泳調查撰寫（2013～2019）。

道觀門前空地驚蟄打小人的地攤。廣州，2017，鄧啟耀攝

用環首刀打小人，然後焚化「小人紙」。廣州，2017，鄧啟耀攝

做完儀式的大媽，在道觀前的樹上黏紅綠兩色的貴人紙。廣州，2017，鄧啟耀攝

　　香港銅鑼灣鵝頸橋是專門提供「打小人」服務的地方，有一些老阿婆守候在那裏為客「打小人」，儀式中會使用大量「小人」「白虎」等紙符。我的一個學生在中文大學讀博期間，曾和同學一起去考察「打小人」儀式。考察時間不在驚蟄這個專屬的時間，而在平時。下面是她發在自己微博上的一段記錄，顯然，這些90後的學生，提的問題有些沒輕沒重：「今天（2012，11，1）帶小盆友們去銅鑼灣鵝頸橋考察打小人。一小盆友向施法術的阿婆發問：我父母罵我，如果我想打他們，你會幫忙嗎？阿婆一聽就火勒：他們怎麼無情白事罵你，肯定是你做錯事勒！給一萬蚊我都吾打！仲有，你要小心天打雷劈！另一女小盆友有問：如果我老公在外面包左二奶，你話我應該打邊個？阿婆又怒勒：當然打那個狐狸精啦，打你老公做咩？巨係你老公 la 黎㗎！」〔註8〕

香港專職「打小人」的林姑神壇。〔註9〕

〔註8〕項目組成員，香港中文大學博士研究生嚴麗君調查，發於「跨境學童嚴麗君微
　　　博 http://weibo.com/u/1624976914」
〔註9〕圖片來自「中新網」。

「打小人」的地攤生意興隆。〔註10〕

小人紙

化人消災，小人自退。廣州

在紙符「小人」「四靈」的嘴上塞肥肉。廣州，2017，鄧啟耀攝

〔註10〕圖片來自滴瘋俠：《「打小人」是嶺南學術思想還是封建迷信？》，微信公眾號「滴瘋俠」，2017-07-24，02:45發佈。

田野考察實錄：雲南騰沖傈僳族「趕咒神」

趕咒神與趕口舌鬼在某種程度上類似，都會用到紙馬。咒神是雲南騰沖古永漢人對因眼紅而陷害他人的鬼的稱呼，並有相應的儀式專用紙馬。傈僳人的儀式中也有專門針對咒神的稱呼「克讓喡」，即遇到有人詛咒或者眼紅而遇到的陷害人的鬼。有時候詛咒並不是針對受害者，只是恰好遇上了〔註11〕。咒神多半是在漢人的地盤中游離，遇到咒神會身體不好，打刀卦時能打到。

當事人一直身體虛弱，近段時間覺得胸口悶，打刀卦打著是咒神。咒神歸天神、當事人的別扒或別的神收養，因此獻它的時候還要顧及到養他的神。而這次打卦並沒能確定是哪個神養著，只是知道是咒神，因此很多神要一起請。還要請漢人的神「三朝老爺」。

尼扒先請自己的別扒，接著請其他的神下來幫忙，拜祭的檯子擺在堂屋門口的位置，用一張小桌子。拜祭物同別扒的拜祭物，殺公雞一隻：

> 呔！我請幫我頭上看的什扒，我的幫我身上看的什扒。什麼地方都可以看見的神，什麼東西都聽得到的神。看得很遠的神，聽得很清的神。我請什扒們，什媽們。我請三朝老爺們，我請三朝百祖們，我請別扒們。你們從大到小順著下來，你們從老到少這樣下來，嘟！今天是二零零九年七月七日，請您們老人們來不是別的事，有這樣一家人，有功的這家人。他舅這個人，一天有氣不有氣，一天有功不有功。吃飯飯不香，喝酒酒不香。做活活做不得，睡覺

〔註11〕 此處的詛咒雖不能在嚴格意義上看做是巫術，但是筆者仍舊認為其具有巫術性質。筆者此處想要討論的並非是這種詛咒是否屬巫術範疇，而是意在指出這種違反「道德」的詛咒行為所帶來的後果，對受害人以及其所處的社會所帶來的影響。這種影響包括了受害人的行為，比如被動接受或主動反抗；也包括了受害人對這一影響所持的觀念：如對詛咒行為的解釋，對這一後果採取或寬容或仇恨的態度等。瑪麗・道格拉斯認為：在小規模社會中，一個人做了在道德上被認為是錯誤的行為，那麼要麼是「違規者成為自己行為的受害者，要麼是某個無辜的受害者遭受危險的衝擊」。而在這種危險的情境下，當「自助成為糾正錯誤的唯一方式時，人們為自保而組成團體來為其成員尋求復仇」。同時，袪除危險有兩種截然不同的方式：「一種是無需追尋污染源的原因並且不尋求附加責任的儀式；另一種是懺悔儀式。」而獻祭就屬是第一類的例子（《潔淨與危險》：2008 年，pp.164～169）。古永傈僳人顯然是屬無辜的受害者，而他們所採取的袪除危險的方式顯然是「獻祭」。但是筆者認為，這對他們內心的認同仍然形成了影響，雖然行為上他們並未採取「復仇」行動，但卻在觀念上將危險源隔離開來。

睡不好。他的兒子、兒媳、女兒曉不得什麼，曉不得是不是有咒神。要你們來幫看，要你們來幫瞧。來幫收拾咒神，來幫趕走咒神。他來請我幫忙，他來叫我幫忙。我耳朵聽不見什麼，眼睛看不見什麼。是你們什扒別扒看得見，是你們什扒別扒聽得見。不要一人叫兩功，不要一人叫三功。有敬茶去喝，有敬酒去喝。用淨水的拿淨水去用，用蒿子的那蒿子去用。你們還要去幫叫姑若嘛們，還要去幫叫什若嘛們。說是有咒神來幫收拾，說是有咒神要幫趕。你們還要幫叫米拉什扒們，還要叫米拉什媽們。也叫他來幫收拾，也叫他來幫補。不是白白的叫你們，三歲的公雞有一個，三歲的小馬有一個。你們什扒別扒們，心見到拿去了，眼見到拿去了。要雙腳雙手地出，不要單腳單手地出。腳不要給它長，手不要給他短。我耳朵聽不見，我眼睛看不見。你們從老到少下來，把他弄乾淨了，把它弄白了。

其次是要請拜祭當事人的父親，他以前是很屬害的尼扒。因此也算是尼扒要請的別扒。尼扒按照親屬關係稱呼：

咘！我請我的三舅，你三舅什麼都能看見，什麼都能聽見。你是獻過了的別扒，你是辣糙的尼扒。你和我的三舅媽，酒位茶位有兩碗，你們一人一碗來喝。今天不是什麼事情要叫你們，今天是你的兒子這個，吃飯吃不香，喝酒喝不香。他的兒子兒子媳婦都不曉得是不是你的咒神，不曉得是不是你管的咒神。三舅你倒著敬茶去喝，你倒著敬酒去喝。你也是什扒，你也是別扒。我們不曉得什麼，怕是你帶著一句咒著他。你兒子我的表弟，他吃飯飯不香，他喝酒酒不香，睡覺睡不著。打卦打著有咒神，怕是你帶著一句。今天是叫你幫退了，今天是叫你幫收了。你眼睛看得見，耳朵聽得見，你有三歲的公雞拿，你有三歲的小馬騎。如果是你的話，你也來幫拔，如果是你的話，你也來幫收拾。收拾了給他像樹一樣清秀，像清水一樣乾淨。像樹褪皮一樣褪去，像竹筍褪皮一樣褪去。他雖然是一個上門的人（當事人是緬甸人，因為妹子嫁過來這邊，他也跟著來上門），他也是來追隨你的。你是太陽不在就死了，月亮不在就走了。你也是有兒有女的，你有三個兒子。你種的根你種的頭（你生下他

們），說說讓它們不要來領。過了今天晚上，太平無事，清吉平安。
這是三歲的馬，這是三歲的馬來騎。三舅你來拿去，好好地讓他白，
好好地讓他乾淨。收拾了以後，頭上給它長命，腳上給它長命。一
百三十歲，三百六十歲。等一會兒，肉你們夫妻兩打夥拿去吃吧，
三舅你拿去用吧。來領受！

再請天神，殺豬：

呔！我請我們地方的阿巴姑若嘛，阿舟什若嘛下來。我請什麼
地方都可以看見的神，什麼東西都聽得到的神。看得很遠的神，聽
得很清的神下來。我請緬甸地的姑若嘛們、什若嘛們下來。我叫不
到的你們自己叫，我請不到的你們自己請。下來受敬茶敬酒，敬茶
敬酒拿去喝。蒿子拿去用，點著香火拿去用。今天是二零零九年七
月七日。你們來人們，不是因為別的事情叫你們，有這樣一家人，
有功這家人。他舅舅這個人，吃飯吃不香，喝酒喝不香。他的兒子
姑娘這一夥人，老了也不曉得（不知道他是否會死）。不知閻羅王見
了沒有，不知鬼王見了沒有。不知是否有咒神，不知是否有咒神。
不知是不是走路碰著了，不知是不是落腳落手碰著了。不知道你放
在哪裏，不知道是不是我三舅咒者了。他來請我幫忙，他來請我幫
做。我耳朵聽不見，眼睛看不見。我請著你們姑若嘛們，什若嘛們。
敬了一天心見了，敬了一天眼見了。如果是咒神，如果是咒神。讓
他脫了讓他乾淨，讓他脫了讓他好。過了今天，過了今天晚上。讓
他吃飯香，讓他喝酒香，讓他睡覺香，讓他坐得穩。不要讓閻羅王
見者他，不要讓鬼王見者他。讓他像太陽一樣，讓他像月亮一樣。
讓他太平無事、清吉平安。

不是白白地叫你們，有獻牲敬你們。用畜生的身體換人的身體，
用畜生的手換人的手。換了讓他好，換了讓他有氣。不要讓他有咒
神，不要讓他有咒神。不要讓他過坡，過了坡的幫補補。都拿去得
了！來領受！

領牲完成後是分別獻牲，之後儀式結束。第二天早上回堂：

呔！上面提到的所有幫忙的神（包括別扒，不包括咒神）。我去
獻鬼，我去做事。今天早上給你們回堂了，回了堂過後呢。幫保護
這一家人，幫這一家人順利過。不要讓哪個去陰間，不要讓哪個吃

陰間的飯。不要讓他頭沉，不要讓他身上難過。什扒別扒，不是我強不是我贏。你們才是獻鬼的，我只是請到你們。我耳朵聽不見，眼睛看不見。你們什麼都聽得到，什麼都看得見。你們是什麼都曉得，所以才請你們獻鬼。今天早上給你回堂，喝回堂酒吃回堂飯。你們這樣大，你們這樣高。每次去幫別人獻鬼都好。別人獻十回都不得，我們獻一回就好。別人補十回都不得，我們補一回就好。不要讓它成毒，不要讓它掉名字。你們什扒別扒們，倒了兩行喝兩行，倒了三行喝三行。領受了！十二對紙火。你們一個分一點，你們不要鬧架。你們什扒別扒們，你們每個人分一點。來領受！

儀式中並沒有針對咒神的特別的獻祭和念誦，而是把咒神看做附屬於天神或者當事人家中別扒、亡人的。因此僅僅通過請下別扒下來幫忙「退」就可以了。〔註12〕

四、失孝

梟神（消神、囂神）

梟是傳說中一種食母的惡鳥，常被用來比喻忘恩負義、虐待父母的惡人逆子。〔註13〕父母久病不愈，兒女不孝，或是父母背了過失，就有梟神作祟。祭獻梟神要到村外儘量遠的地方，祭祀完放飛一隻麻雀或山雞，參祭者一起大聲呼喊：「飛、飛、飛，遠遠的飛，高高的飛」，鳥飛走表示梟邪已經離開了。小孩子受驚，梟神則可做壓驚神使用：將梟神折疊縫在帽子裏，戴在小孩頭上，可以逢凶化吉。〔註14〕另外，在家坐著心會亂，做什麼事都沒有心思，也是有消神來衝撞了。家裏要有了它，這不順那不順的。請先生來開開門，拿糯米燜齋飯。素用三品（三小湯勺），一小道糖，葷用三牲，加一隻雞公。紙火（馬子）五六對，把它裝簸箕裏，一邊念，一邊劃水，到大門外燒化祭獻，攆開消神，求消災免難，百病消除。

〔註12〕本田野考察實錄由筆者的博士研究生、項目組成員熊迅調查撰寫。
〔註13〕趙寅松、楊郁生主編：《中國木版年畫集成‧雲南甲馬卷》，中華書局2007年版，第213頁。
〔註14〕楊郁生：《雲南甲馬》，雲南人民出版社2002年版，第124頁。

梟神。雲南巍山　　　梟神。雲南巍山　　　消神。雲南巍山　　　消神。雲南巍山

梟神。雲南騰沖　　　　梟神。雲南騰沖　　　　梟神。雲南保山

梟神。雲南巍山　　　梟神。雲南巍山　　　梟神。雲南巍山

梟神。雲南大理

五、替身與解冤

　　遇到災禍尋找替罪羊，是人類的一種普遍做法。在民間信仰裏，因此而形成一種專職的替罪羊——「替身」。替身紙符，主要用於消災免難類法事。被描繪為替身的那些小人兒，成為一種不幸的祭品，被拿去抵罪背過。

1. 替身紙

替身

　　也叫「小災方」馬子。謝土，家道不順，起盤子用，齋房上用，叫魂、祭本命星君也用。解結順心，祭祀亡魂。「小災方」為九宮格式，刻繪 9 個形象，作為祖先、亡人的「替身」，代表九宮八卦。舉行儀式時，把「替身馬子」黏在黃紙幡上，然後供在正壇神像下面，由大神庇護。壇上供燈、燭、果、點、餅、茶、齋飯、壽麵、棗湯，每天吃飯前要獻菜，念唱並奏鼓樂，喊「老祖公來請飯了！」祭獻，在柱腳處焚燒後讓它們離去。

替身。雲南巍山

替身。雲南巍山

替身。雲南巍山

替身。雲南巍山

替身。雲南巍山

替身。雲南巍山

替身。雲南騰沖

替生替死

替生替死。

2. 百解紙

由於中國民間總把疾病、災禍等歸結為有鬼（事）糾纏，需要禳解，所以，百解紙成為儀式中最常用的紙符。

翻解冤結

儀式的目的是消除過結，「冤冤孽孽的事不要做了」，以求和氣。上房、謝土、上墳，因為「土重」了，要祭獻焚燒。老人「回」（去世）了，做五七（去世 35 天），脫孝的時候，也要燒。做這個法事時，氣氛頗為緊張。先生先唱《雷咒》，女主人叩拜，跪捧供桌上的諸樣供品敬獻神仙。除了五供養以外，還捧

茶、捧米、捧紅包（意為捧寶）、捧佛珠、捧紙衣裳等。先生再念《大百解》，每句以「解禳」二字結束，叩拜者也跟念「解禳」，意喻過結已解。接著念《解冤經》，然後，幾位幫忙的齋奶，在正壇前添設一香案，擺五供養，一盆水，將布條裹著一串銅錢結成一股辮子的「順心結」掛在案前的房柱上。亡人去世滿三年用孝（白布），家道不順、人有病用青布。布條結 12 個疙瘩，代表一年12 個月，閏年結 13 個疙瘩。側房柱上貼了一張「翻解冤結」馬子，先生稱之為「消災延壽解釋消災方」。參祭者每人手中持香一柱，由一位齋奶搖法鈴在前引領眾人繞主壇走八卦，向眾神行禮。每轉一圈，即讓家中一人解開一結「順心結」，並解下一枚銅錢，於案前燒掉消災方（即「翻解冤結」馬子），連同銅錢一併投入水中，儀式一直要轉到每個人手中的消災方都焚掉為止。然後，所有人每人喝一口盆裏的水，齋奶將水中的銅錢撈出，從銅錢入水後陰陽兩面所佔比例，看卦象是陽旺還是陰旺。銅錢正面為陽，背面為陰，陽多則吉，陰多不好，陰陽對半為平卦。

翻解冤結。雲南巍山　　　　翻解冤結。雲南巍山　　　　翻解冤結。雲南巍山

解冤

　　佛教科儀中使用的紙符，一般在寺廟裏使用。老人回（去世）之後 35 天，要做「五七」，脫孝，做法事後把解冤紙燒化。豎房、謝土，或是身體不適，請人看了認為「土重」，也要祭獻這個紙符。在念經處燒掉，同時燒兩個「替身」紙符。燒的紙灰落入水裏，喝了這水，可保清吉平安。

解元（冤）。雲南巍山　　　解元（冤）。雲南巍山

解冤經

解冤經云：「解結解結解冤結，解了百千冤債孽。冤家債主兩相忘，相逢相遇皆歡悅。黍米珠，黃金闕，天尊金口親演說，一國澄清樂太平。永無疾（嫉）妒貪嗔癡，解散冤家盡消滅。」

解冤經。雲南保山

勾消了願

勾消了願。雲南大理

逢凶化吉

逢凶化吉。雲南大理

百解貴人紙

大幅紙符，主要流行於廣東等地，在許多法事中都會用。它是一張萬能符，既祈福求財增壽，又消災解厄驅邪。

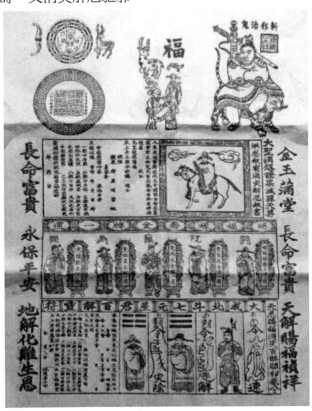

百解貴人紙。廣東廣州

天赦百解靈符

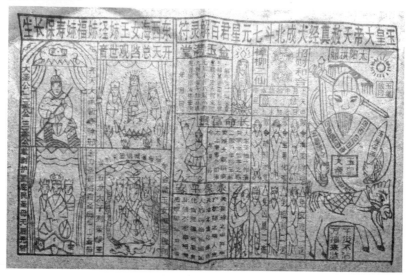

天赦百解靈符。廣州

田野考察實錄：雲南巍山「順星」儀式

初八是順星節，每個人本命年就要跟本命星面前拜一下就去求平安，本命年一定要穿紅，家人都讓用一個紅絲線穿在手腕上或者脖子上，或者是戴在身上，簡單而明顯。如果在過去時間比較不順或有未來不好的預示，就要舉行「順星」儀式。

在雲南巍山和廣東，筆者都參加過幾次「順星解結」儀式。所謂「順星」，即順正當事人的命運之星，用民間雕版木刻紙符「替身」碼子和「解結」碼子來做。儀式早上，幾位「齋奶」每人手持一面小紙旗，上黏一個從「替身」碼子上剪下來的小人，跟隨做法事的「先生」在幾個大殿之間行走。使用「替身」嫁禍於它的方式，是一種淵源古遠的傳統巫術。凡有邪穢在身，惡煞糾纏，即用這個碼子作為自己的替身，讓其代為受過。「解結」碼子貼在大殿門後的柱子上。這是一種在許多儀式（老人去世、做五七、脫孝、上房、謝土、上墳等）中都會使用的符像。人們認為，人與人相處，總會發生一些糾葛或冤結；做儀式的時候，也會有一些不乾不淨的東西闖進門來糾纏，所以，要在門後貼一個「解結」碼子。儀式結束時，參與者都要做一個「解結」儀式：在正壇前添設一香案，擺五供養，一盆水，將布條裹著一串銅錢，結成一股辮子的「順心結」，掛在貼有「解結」碼子的房柱上。亡人去世滿三年用孝布（白布），家道不順、人有病用青布。布條結12個疙瘩，代表一年12個月，閏年結13個疙瘩，先

生稱之為「消災延壽解釋消災方」。參祭者每人手中持香一柱，由一位齋奶搖
法鈴在前引領眾人繞主壇走八卦，向眾神行禮。每轉一圈，即讓一人解開一結，
並解下一枚銅錢，於案前燒掉「解結」紙馬，連同銅錢或硬幣一併投入水中。
然後，所有參加者每人喝一口盆裏的水，齋奶將水中的銅錢撈出，從銅錢入水
後陰陽兩面所佔比例，看卦象是陽旺還是陰旺。銅錢正面為陽，背面為陰，陽
多則吉，陰多不好，陰陽對半為平卦。最後，把「翻解冤結」碼子與「當生本
命星君」碼子一起焚化。

貼在老君殿門後的「解結」碼子。雲南巍山，2015，
鄧啟耀攝

翻解冤結。雲南巍山

貼在柱上的「解結」碼子。雲南巍山，2001，鄧啟耀攝

第十三章　叫　魂

　　招魂之俗，由來已久。《楚辭》的「招魂」，記述了當時楚人對生魂來去不定、四方環境險惡的認知狀況。中國人認為人有三魂七魄，如果失落一二魂魄，人就會生病、精神錯亂；如果不及時把魂叫回來，就可能失掉性命。還有一種叫魂，是心懷叵測或會黑巫術的人偷偷把別人的魂叫走。因此，這一類「叫魂」，曾經是中國歷史上引發動亂的公共事件。

　　小孩夜哭不止，人有病痛乏力或整日喪魂落魄的樣子，會被認為是被夜遊神驚嚇或魂魄丟了。在雲南大理巍山等地，有特別的神靈專司捉魂、追魂、送魂和領魂；在廣東地區，則稱為「叫驚」或「喊驚」，廣州美術學院美術館展出過一幅木刻作品《叫驚》，描繪了上個世紀二三十年代廣東的叫魂習俗。作品附有如下說明文字：「東莞風俗，每於小孩罹病，多以為給鬼神迷了魂魄。服藥數日，未見起色者，每請老婆婆為他『叫驚』。老婆婆便帶了小孩日常所穿的衣服，香燭，冥鏹，食品果餌，及利器如剪刀等物，至小孩慣到的地方，或路隅，樹腳，去招魂。口中念咒，並將小孩衣服在火上招展，頻叫小孩名字。『叫驚』之習在廣州及附近各縣尚甚流行。」〔註1〕。

〔註 1〕 木刻原作現藏廣州美術學院美術館。此圖文又見於上海魯迅紀念館、江蘇古籍出版社編：《版畫紀程：魯迅藏中國現代木刻全集》第 1 冊，江蘇古籍出版社1991 年版，第 149 頁；《魯迅藏中國現代版畫全集》編委會編：《魯迅藏中國現代木刻全集》第 2 冊，湖南美術出版社 2018 年版，第 151 頁。

《叫驚》（黑白木刻），劉憬輝 1935 年作

　　叫魂前先要請「先生」卜算此人的魂丟在哪裏，然後請本家會叫魂的老人，拿三牲元雞（雞蛋）拜拜獻獻。老人為失魂者念：「某某某力氣小了，魂不攏身，去叫回來。」拿失魂者的衣服放在灶裏頭，一碗飯上面放一個雞蛋，拿五色線把雞蛋捆住，一邊叫魂：「門神護佑，屋簷童子，幫某某某的真三魂真七魄來化，回家穿衣吃飯。牛魂馬魂不要，要你的真三魂真七魄來家穿衣吃飯。你爹你媽叫，刺叢草棵你不去，東方路上去不得，東方路上有溝坎；南方路上去不得，南方路上有遮攔；西方路上去不得，西方路上有鬼怪；北方路上去不得，北方路上有冰窟。你爹你媽叫，回來了！」過溝過河過十字路口要叫，最後，焚化追魂紙馬，把捆在雞蛋上的五色線解下來繫在失魂者手腕上。

　　人們認為失魂的情況不一樣，所以要算準後使用不同的紙符。比如，因驚駭失魂要用驚駭之神紙符；中蠱失魂用甲馬紙，配以草甲等；因水火之災驚嚇用水火兩神祭獻後燒化；如果卜算出失落的魂魄已經走遠，就很危險，

需要到所指處叫魂，一路上逢橋遇岔路，都要祭獻橋神路神，以確保魂魄不要迷路，不要落水。叫魂時，一邊拍著失魂者的胸口，一邊喊：「某某某的三魂七魄、真魂真魄攏身了！給（是否）攏身了？」失魂者連聲回答：「攏了攏了！」

民間認為，叫魂在屬雞、屬豬和屬狗的日子叫，比較容易叫，因為豬狗好叫，一叫就來。

一、捉（勾）魂

民間認為，遇到意外情況受到驚駭、迷惑，被認為最容易導致喪魂落魄。除了驚駭失魂，還有專職的「拘魂」邪靈。而各地，也都有類似邪神，如雲南巍山、大理一帶的黑煞三郎、掌兵太子和白鸞太子，都是土主的捉魂差使。

拘（勾）魂

這個勾魂的大神滿臉刺一樣的鬍鬚，一手抓著一個人的頭髮，一手牽著係住人的一根線，這些都應該是他勾住的魂魄。

拘魂。清末，北京〔註2〕

驚駭之神

驚駭之神穿鎧甲，胸前有「萬」字符號，揮刀瞪眼，做駭人動作。

〔註 2〕引自蕭沉博客：《俗神》（圖為日本人 20 世紀初收藏）http://xiaochen.blshe.com/
post/78/503808，2010,2,11。

驚駭之神。雲南巍山　　　　驚駭之神。雲南巍山

迷神

　　小娃娃半夜跑出家，會撞到迷神，迷惑心竅，丟失魂魄。男人晚上不歸家，居家不順；女人晚上不歸家，是是非非多；是撞著迷神，迷了心竅。需要起個盤子送它。

迷神。雲南大理　　　　迷神。雲南巍山

夜（遊）神

　　老做噩夢，或是小娃娃半夜跑出家，是夜遊神、夜神或遊司在捉弄人，需要起個盤子送它，請它到別處玩。

夜神。雲南巍山　　　夜油（遊）神。雲南巍山　　　夜油（遊）神。雲南巍山

夜遊往（瘟）司

夜遊往（瘟）司。雲南大理

遊司

遊司。雲南騰沖　　　　遊司。雲南騰沖　　　　遊司。雲南騰沖

遊司局部。雲南騰沖

黑煞三老總爺

黑煞三老總爺長著一臉鐵鬃樣的衝天毛髮，右手持劍，左手挽刀，騎馬披甲，威風凜凜。民間說他「兇神惡煞，怪喊辣叫的」。黑煞三郎樣子沒有那麼嚇人，但頭邊卻飛著兩個奇異的東西，像是使邪術用的靈物。人們認為，人出門在外，撞著黑煞禍祟，魂被捉走，就會生病，需要在十字路口，和掌兵太子、白鶯太子一起祭獻。

黑煞三老總爺。　　黑煞三老總爺。　　黑煞三老總爺。　　黑煞三老總爺。
　雲南巍山　　　　　雲南巍山　　　　　雲南巍山　　　　　雲南巍山

黑煞三郎

黑煞三郎。雲南大理

白鷺太子

白鷺太子在雲南巍山大小寺下來的土主廟裏右邊上方供養，騎馬捉魂。土主廟門前是牛王馬王，衝撞到了要和黑煞三郎、掌兵太子一起祭獻。他旁邊所飛之鳥應即白鷺。

白鷺太子。雲南巍山　　白鷺太子。雲南巍山　　白鷺太子。雲南巍山

二、追魂／叫魂

雲南一些地方如果小孩受驚嚇，夜哭不止，或大人生病難治，經巫師測算是丟了魂，就要舉行追魂或叫魂儀式。我和妻子有一次去雲南怒江地區做田野考察，回來後妻子一直精神不振。有懂氣功的朋友說怒江峽谷陰氣太重，容易中邪，而我們正好在當地人認為鬼靈很多的地方參加了幾次祭鬼儀式，按當地人說法是衝撞到邪靈了。當時就有怒族巫師認定我們中了邪，就在當地專門為我們舉行了一個叫魂驅邪儀式。回來後妻子氣色仍然不佳，被昆明郊區的農村朋友看出來，就請了一位她們村的老奶奶為我們看問題出在哪裏。老奶奶取下自己的陰丹藍布頭巾，用手在上面比比劃劃，測量卜算，得出的結論是妻子的一個魂已經丟失在很遠的地方了，需要趕快叫回來，不然很危險。老奶奶告知我們，應該到西郊前往怒江方向的一個觀音廟叫魂。我們按她的指示找到那個隱藏在西山崖下的小寺廟，請那裏的師奶焚香、燒紙、殺雞、叫魂，算是又目睹了一次民間叫魂儀式。

廣東失魂需要「喊驚」。東莞漳澎人認為靈魂暫時離開身體，最常見的現實表現便是生病。小孩因為年紀小，靈魂尚未穩定在身體裏面，所以經常「掉魂」，容易生病。而大人則不一樣，靈魂與身體的結合已經固定了，但還是偶而掉一下魂，導致重大的疾病或厄運纏身。掉魂的話都需要進行「喊驚」儀式，

如果大人需要喊驚的話，就表示事態嚴重了。受驚人的家人要先到神婆處打卦，看看他「犯」了什麼（鬼），是在什麼方位犯的，就在該方位拜祭。問好之後，家人就要準備金銀紙、衣草（紙衫，給鬼的衣服）、生米（辟邪）、花生（花生可以生根，驅邪），煮熟的飯（請野鬼吃）、雪梨（表分離），一件「受驚」人的貼身衣物，準備好後，就可以開始喊驚了。神婆開始上香，家人把金銀紙和衣草燒掉，撒煮熟的飯，用金銀紙和衣草賄賂這個攝走受驚人魂魄的野鬼，請他吃完飯後求野鬼放開這個人的魂魄。接著就要再撒兩到三次生米，撒米之後，緊接著再撒幾粒花生，然後再扔雪梨。意思是讓生人的魂魄回到身體，能吃飯能長肉，像花生一樣在肉體中穩定生根，魂魄與野鬼陰陽分。最後揮舞受驚人的衣服，喊道：「米來人神起，米來人神歸。早也歸，夜也歸，三魂七魄一齊歸。撒米速速同滴（那些）幽鬼分，撒米團團同滴幽鬼傳。撒米沙沙同滴鬼討價，撒米行行同滴幽鬼放。某某某你快回來！」漳澎人相信魂魄歸位後，疾病和運氣都會好起來。〔註3〕

追魂

追魂或叫魂，是魂魄丟失後民間流行的儀式行為，在一些地方要配紙符。雲南巍山由灶君、山神、土主、門神、橋神、水火二神組成叫魂馬套符；雲南楚雄地區由灶君、山神、土主、門神、橋神、水火二神6種一套組成追魂紙；雲南畹町用於叫魂的紙符較多，不同情況用不同的紙符，「著蠱」用甲馬，追魂用橋路二神等。雲南蘭坪縣和維西縣白族叫魂用灶君。平常，小孩子哭啼，主婦揭開鍋蓋，在鍋中點清油燈，請灶君幫忙除掉小孩身上的邪氣。叫魂時，要念灶君祭詞：「尊敬的灶君，寬宏的灶君，你神通廣大，我們用彩船來接你，我們用大火來求你，我們用酒席來請你，請你大顯神靈幫個忙。我家叫ｘｘｘ的孩子，他的魂兒到處亂跑，至今未見它回來，我們正在為他來喊魂，請你幫我們將它找回來。出走的魂兒，聽見老虎叫它會受驚，碰到豹子時它會受害，颳風時它會遇到邪風，下雨時它會挨淋受涼。他的父母在呼喊它，他的兄弟在呼喊它，他的親友在呼喊它，讓它趕快回來吧。家裏聚集了很多親人，家裏擺上了豐盛的酒席，大家都等待著它回來，吃肉喝酒飲茶。魂兒啊！ｘｘｘ的魂兒，我們在大聲的呼喊你，請你趕快回來吧！」〔註4〕

〔註3〕本田野考察實錄由項目組成員、中山大學人類學系碩士研究生區海泳調查撰寫（2014）。

〔註4〕調查地點蘭坪縣、維西縣；調查時間1988年4～6月；調查對象：和瑞芳等（白

追魂。雲南騰沖　　　　追魂局部。雲南騰沖　　　　追魂。雲南大理

追魂贖魄

追魂贖魄。雲南曲靖　　　　贖魂。雲南彌渡　　　　贖魂。雲南彌渡〔註5〕

追魂大神

追魂大神。雲南彌渡〔註6〕

　　族）；調查整理：劉初龍。見楊郁生：《雲南甲馬》，雲南人民出版社 2002 年
　　版，159～160 頁。
〔註 5〕這三幅自趙寅松、楊郁生主編：《中國木版年畫集成・雲南甲馬卷》（集成總主
　　編馮驥才），中華書局 2007 年版，第 201、203、204 頁。
〔註 6〕這兩幅自趙寅松、楊郁生主編：《中國木版年畫集成・雲南甲馬卷》（集成總主
　　編馮驥才），中華書局 2007 年版，第 202 頁。

追魂童子

追魂童子。雲南曲靖〔註7〕

催魂

崔（催）魂童子。雲南昆明

起魂

三魂七魄起魂馬子。雲南大理

〔註 7〕本圖自趙寅松、楊郁生主編：《中國木版年畫集成·雲南甲馬卷》（集成總主編
　　　馮驥才），中華書局 2007 年版，第 203 頁。

追趕（魂）甲馬

迎請神紙（祇），追趕甲　迎請神祇，追趕甲　迎請神紙（祇），追　追魂甲馬。雲南
馬。大理　　　　　　　馬。大理　　　　　趕甲馬。大理　　　　民族博物館展品

叫魂

叫魂。雲南巍山　　　　　　叫魂。雲南玉溪〔註8〕

叫魂娘娘

叫魂娘娘。雲南曲靖　　　叫魂娘娘。雲南曲靖　　　叫魂娘娘。雲南玉溪〔註9〕

〔註8〕這兩圖採自趙寅松、楊郁生主編：《中國木版年畫集成・雲南甲馬卷》（集成總
　　　　主編馮驥才），中華書局2007年版，第205、206頁。
〔註9〕這三圖採自趙寅松、楊郁生主編：《中國木版年畫集成・雲南甲馬卷》（集成總
　　　　主編馮驥才），中華書局2007年版，第205、206頁。

叫魂配祀

叫魂時，為了避免把叫回的魂送錯到別人身上，需要配祀失魂者的「身份」認證，即本命星君紙馬。另外，雲南畹町還配祀一張專職制服白虎的「草甲」，用於叫魂，與甲馬紙一起燒。

叫魂。雲南大理　　　本命星君。雲南騰沖　　　草甲。雲南畹町

三、送魂

人跌倒或撞到什麼邪靈驚嚇丟了魂，做惡夢，發熱發冷，就在嚇著處燒一張「送魂使者」，灶君處燒一張（加灶君馬子），鍋要洗乾淨，備齋飯淨水供在桌上，有的地方還要煮一個雞蛋獻，同時燒一整張替身，一張「叫魂」或「續魂」牒，一些紙錢。叫完魂，讓失魂者吃一點。叫魂在屬雞、屬豬和屬狗的日子叫，比較容易叫，因為豬狗好叫，一叫就來。為了安全，不要讓魂再走失，還要有專職領魂和送魂使者護送到家。紅河地區有 36 張一套的領魂紙。

送魂使者

送魂使者紙符繪有蜘蛛類蟲子，這與民俗中的叫魂儀式所追求的結果相當。民間叫魂者認為，如果在叫魂場地發現一些蟲子，表示魂已經被送回。有的地方還會把蟲子帶回家中，象徵失魂者的魂魄已經歸來。

送魂使者。雲南巍山　　　　送魂使者。雲南巍山　　　　送魂使者。雲南巍山

送魂使者。　　　　送魂使者。　　　　送魂使者。　　　　送魂使者。
雲南畹町　　　　　雲南保山　　　　　雲南保山　　　　雲南瑞麗〔註10〕

送魂大神

送魂大神。雲南巍山〔註11〕

〔註10〕　本圖自趙寅松、楊郁生主編：《中國木版年畫集成・雲南甲馬卷》（集成總主編
　　　　馮驥才），中華書局 2007 年版，第 202 頁。
〔註11〕　本圖自趙寅松、楊郁生主編：《中國木版年畫集成・雲南甲馬卷》（集成總主編
　　　　馮驥才），中華書局 2007 年版，第 203 頁。

還魂大神

還魂大神。雲南彌渡〔註12〕

〔註12〕 本圖自趙寅松、楊郁生主編：《中國木版年畫集成‧雲南甲馬卷》（集成總主編
馮驥才），中華書局 2007 年版，第 204 頁。

下篇　民俗雕版木刻的表述語境和
「句法結構」

第十四章　民俗雕版木刻的儀式場域及表述語境

　　雕版印刷技術及其紙質、布質印刷品，作為使文圖信息得以在更大範圍傳播的輕型媒介，是文明中國的重要文化遺產之一。活字印刷術發明之後，整塊的雕版印刷大多限於圖像印製，如插圖、年畫、神像、符籙等，它們與文字一樣，各自發揮著「寫／繪文化」、表述觀念意識，影響社會生活的作用。

　　雕版木刻符像在民間稱為「碼子」「紙馬」「甲馬子」「風馬」等，主要內容為各種神靈精怪的圖像及經咒文符，一般在民俗祭祀或佛道教法場中使用。和宗教學側重信仰研究和意義解讀，藝術學側重審美和形式分析的學科傾向有所不同，視覺人類學更希望從一種文化整體觀的視角，去觀察這些圖像文獻在實際生活中的存在狀況，瞭解它們的使用者，它們的能指、所指和意義生成的背景，它們的製作、使用和跨界（跨陰陽、人神鬼之界）傳達的過程，等等。也就是說，如果我們把這類圖像視為歷史和社會文化的文獻，就必須分析它們的符號構成系統，考察它們怎樣表意和傳達，有什麼樣的儀式場域，研究它們言說的語境。

一、「講目連」法事中的視覺傳達

　　2015 年 8 月 16 日（農曆七月初三）傍晚，我和雲南省巍山彝族回族自治縣巍寶山長春洞道觀的肖遙道長，從巍山縣城北郊步行回南詔古鎮，路過群力門外一個鄉村小寺，聽裏面有洞經音樂演奏，便從側門走了進去。裏面的人都

認識道長，熱情招呼。問起來，才知道是道教龍門正一派的一些居家道士（當地俗稱「先生」），正在舉行農曆七月中元節開始階段的「講目連」法事。法事是村民出資請「先生」來做的，農曆七月初一開始，為期四天，今天已經是第三天了。

　　北壇寺位於南詔古鎮原北大門小河橋邊，曾有迎恩坊、老君寺和當時府縣政權舉行交接儀式的接官大廳等建築。明崇禎十五年（公元 1642 年）進行規模化建設，形成結構宏偉的建築群。經數百年社會變遷，這些建築損毀嚴重。2003 年，村民自發籌資重建了老君殿、文昌殿、財神殿等，[註1] 使之成為周邊村民和城郊居民表達傳統信仰的一個公共空間，凡有社區祭祀和宗教儀式，都在這裡進行。

黃昏中的巍山彝族回族自治縣城外文明街北壇寺大門，2015，鄧啟耀攝

　　「講目連」儀式在寺內庭院、幾個神殿和側門外一個大廳堂裏同時進行。正殿老君殿在老君和觀音座前，供奉有各種祭品和符籙；兩側牆上也掛滿了封好的文牒；側門附近用黃紙、白紙和木凳、遮棚搭建了一個接送亡靈的金銀橋；旁邊大廳堂專為亡靈立幡設位，幾面牆掛滿了寫有死者姓名的黃紙牌位。我們去的時候，幾位「先生」正在一張鋪了藍紙的大桌子上，用白米撒出一個穿斜格短衣，胸前有卍字符號，手持法杖的人物形象並擺放祭品。他們說這是目連。就是這位叫目連的孝子，為了去世母親的靈魂不要受難，自己下到地獄，救母

〔註 1〕據寺內重修北壇寺碑記所述。

於血海之中。他的故事在民間流傳很廣。老百姓雖然不可能出入地獄為親人免難，但他們舉行法事，以象徵的方式，小心翼翼地用米描繪、拿紙印製各種神靈符像，吟經誦讚，奏樂祭獻，請這些印在土紙上或化身於萬千米粒中的神靈聖賢，到那另外的空間，幫助自己為親人送去寒衣，享用祭品，甚至打通冥府衙門的關節，找關係使自己親人的亡靈早日超生。看到這些農民道士用米「繪」出的圖像，以及那牆面上不知貼過多少回，斑斑駁駁間依稀可見的諸靈符像，我有些感到震撼。這種信念支撐著他們，把製作符像，舉行祭祀，融入自己的生活和傳統。年復一年，他們都要省出錢，請來這些據說可以通靈的「先生」們，做一場法會，讓自己的思念和供奉，託這些神靈的化身，幫他們送達彼界。

「先生」們用米「繪製」的目連像。巍山彝族回族自治縣北壇寺，2015，鄧啟耀攝

　　第二天我決定繼續參與觀察。因道長是道教全真派出家道士，不太介入正一派民間「先生」的法事活動，所以天剛亮我便獨自重返北壇寺。「先生」和齋奶們早已到位，他們都認識我了，稱為「道長的朋友」。庭院裏，幾位老倌和婦女在印有紅色符章的「文憑」上填寫名字；祭堂內，另外一些老太太在黏貼信封，信封是用白紙專門製作的，一面刻印有童子站在蓮花上的「青華誥」，一面刻寫「虔備冥財一封上奉」字樣，裝進一封紙錢並填寫收寄信的人（魂）名址，以保證能夠準確「寄」到另外一個世界。這次法會需要超渡的亡靈有上千人，每份送往冥府的文件都需要填寫受託人家報上的死者姓名、陰曆時間等內容。這些事，今天務必全部做完，工作量很大。

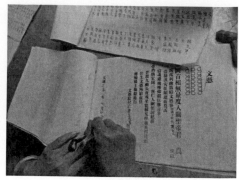

為亡靈寫「文憑」的齋奶們。巍山彝族回族自治縣北壇寺，2015，鄧啟耀攝

黏貼冥財封套的齋奶，她們身後籮筐裏裝滿了這樣的「郵件」。巍山彝族回族自治縣北壇寺，2015，鄧啟耀攝

封套兩面圖樣。巍山彝族回族自治縣北壇寺，2015，鄧啟耀攝

　　上呈靈界諸神的文牒，需由「先生」在老君殿裏親自動手書寫。恭請諸神
下凡時，「先生」們得書寫大量疏文和專牒請柬，呈送元始一炁萬神雷司諸神。
就像給亡靈信函的名址等相關信息必須一個個手寫填妥一樣，法事所請諸神
的名號，更是一點也不能馬虎。在印有圖案或符章的封套上，「先生」們把稱
呼十分麻煩的諸神名號（如「北魁玄範府神虎何喬二大聖同三元五道追攝等
神」「五陽宮主煉朱將軍」「鬥甲百解顧張二使者」等）一個個寫清楚。專牒用
白紙做封套蓋紅印符章，封套下方黏貼傳送專牒的披甲騎馬使者或「雲馬」符
像碼子。〔註2〕疏文用黃紙書寫，黃紙封套紅紙題簽，蓋有紅色符章，封套下
方黏貼「清吉平安」太極八卦符像。寫好的文牒安放在殿側牆上，根據向諸神
上表的儀式程序，逐漸取下，配樂念誦表文，經「先生」誦經呈報靈界，獲得
護佑後，再和相關符像碼子及準備送奉亡靈的冥錢一起焚化。

在老君殿裏寫表文的「先生」及各種貼有「雲馬」「使者」和「清吉平安」符像碼子
的文牒。巍山彝族回族自治縣北壇寺，2015，鄧啟耀攝

　　我向一位負責書寫文牒的趙姓「先生」（法名趙誠通）請教儀式過程，他
告訴我：

　　　　這是「中元祭鬼」開始階段的「講目連」法會，陰曆七月初一
　　開始，連做四天。

〔註2〕「馬子」或「碼子」，是巍山當地人對雕版木刻符像的稱呼，做法事的「先
　　生」寫給我的是「碼子」，故沿用。其他地方有紙馬、紙符、紙火、甲馬等
　　叫法。

　　第一天：一早擺壇，開始寫文書。舉行開壇、上表、安幡、安灶君、上咒、拜社長、破五獄、消災敕赦、斗姥金光懺、恭朝斗姥靜斗靈章、安奉龍鸞、初宵告息。中午開始念經，演奏洞經音樂。吟唱救苦洞經、報恩經等。

　　第二天：開壇筵靜、幡、監齋、祭大法天師、祭祖先、舉楊三清聖號廣宣揚、玉光請恩、玉光三轉、雷霆三轉、救苦三轉、敬誦南斗六司真經、恭朝南斗靈章、安奉龍鸞、二宵告息。

　　第三天：開壇筵靜、觀音三轉、報恩三轉、敬誦北斗延生真經、恭朝北斗靈章、安奉龍鸞、三宵告息。

　　第四天：開壇筵靜、文昌三轉、延生三轉、三官三轉、順正星辰、送真返駕、賑孤利幽、頒發文憑、燒包送祖、酬謝雷將。

在老君殿裏誦經的「先生」，後面跪拜者所持供盤和準備焚化的冥錢及碼子，需經「先生」誦經呈報靈界後，方為有效。巍山彝族回族自治縣北壇寺，2015，鄧啟耀攝

　　「先生」的敘述，只是一個粗略的概要。在「講目連」的儀式過程中，有許多細節只有在實操現場參與觀察才知道。其中，與圖像、行為等視覺表達形式有關聯的法事如：

　　第一天，主祭「先生」在主殿老君像前的升斗上貼一張「當生本命星君」碼子，誦經並宣讀諳文，確認「大中國雲南省巍山縣在城外」的鄉親，已經為本鄉亡靈在諸神這裡掛了號。然後參祭者在「先生」帶領下，把「放假」出地獄的親人亡靈集中請回專設的祭壇供奉。

　　迎接已故先人回來時，讓亡靈從側門進來，把寫有亡者姓名的黃紙靈位，從黃紙、白紙、遮棚和木凳搭建的金銀橋經過，接入側院大廳堂的祭壇，集中供奉。靈位是印在黃紙上的雕版木刻碑牌狀圖案，刻有「佛光普照」的雙重飛簷上掛有垂纓，下面荷花托護，中間寫有亡人姓名。這些靈位掛了滿滿幾面牆壁，據「先生」說有上千人。廳堂正面設壇祭祀，供奉一切天仙道地獄道、地祇人倫、餓鬼畜生諸靈，並專設紅色的「衛國盡忠前方陣亡將士」及各得道祖師靈位。牆壁張貼上呈元始一炁萬神雷司的文牒，申明「大中國雲南省巍山縣在城外文明街北壇寺下民……恭祈恩造介福，幽冥普度，六道四生三途萬類一切孤魂集此，善利拔度孤幽形魂超昇脫化」云云。

老君殿裏的老君和觀音彩繪塑像。巍山彝族回族自治縣北壇寺，2015，鄧啟耀攝

　　第二天，「先生」在主殿門後柱上，貼上一張「解結」碼子。晚上，還要配「太歲」碼子一個，東西南北中五方「土神」碼子 5 個，「出堂」碼子 24 個，進行祭祀。「太歲」碼子意指時間，東西南北中五方「土神」碼子意指空間，「出堂」（或「下堂」、「起盤子」）碼子，則是用來送出祭壇的各種邪靈煞神，如白虎、羊希、哭神、替身、消神（梟神）、五路刀兵、血腥、眾神、橋神、路神、水火二神、癩龍之神、火龍太子、血腥亡魂、瘟司聖眾、黑煞三郎、掌兵太子、白鷺太子、水汗（音 gan）之神、夜油（遊）神或迷神等。「出堂」祭

祀儀式需用簸箕一個，把這些邪靈煞神的碼子放進去，再放入黃紙錢 36 張、白紙錢 36 張、金銀元寶 36 個（36 之數代表天上 36 神，地上 72 煞）、香一把、國幣 5 個、花紙旗 1 面，然後拿一個碗，內裝生肉熟肉各 5 塊，全放簸箕裏。「先生」對其做法後，查看煞神所在方位，再讓人拿出去燒了。

接送先人時讓亡靈牌位通過的金銀橋。巍山彝族回族自治縣北壇寺，2015，鄧啟耀攝

在掛滿死者黃紙牌位的靈堂為亡靈焚香燒紙。巍山彝族回族自治縣北壇寺，2015，鄧啟耀攝

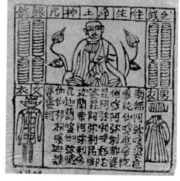

亡靈祭壇。巍山彝族回族自治縣北壇寺，2015，鄧啟耀攝

「往生淨土神咒」碼子。雲南巍山

　　從巍山民間流傳和儀式使用的符像碼子看，此類凶煞邪靈數量眾多，有道教系統裏的陰界冥神，也有民間信仰中的本土鬼靈。它們特性不一，作祟的方式也各不相同，祭祀起來也比較複雜，如「白虎」碼子，本屬方位神、護衛神，但不知怎麼無論在風水術還是民間信仰裏，它都是個引起麻煩的傢伙。人老愛吵架，口舌是非多，跟人過不去，就是撞到白虎了。人有白虎找，走投無路，心亂。祭獻鹽飯茶酒、三牲，用蒿子搽鍋。泔水也先擺獻，祭祀完才拿去餵豬：

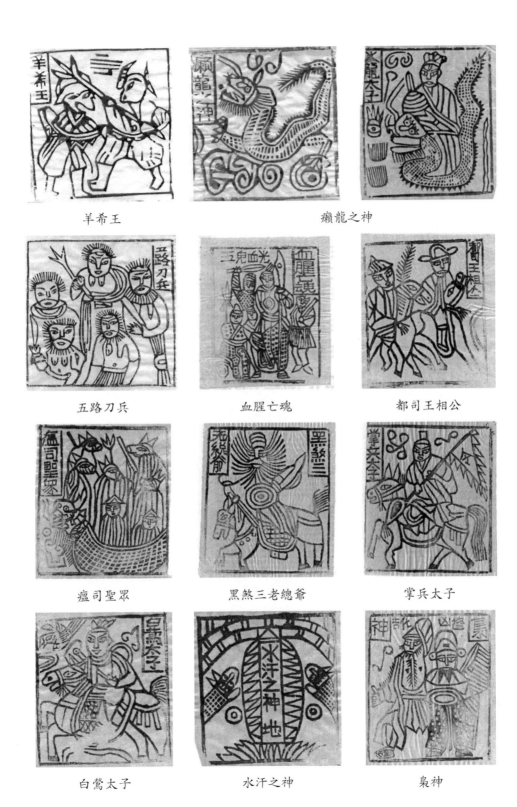

羊希王　　　　　　癩龍之神

五路刀兵　　　　血腥亡魂　　　　都司王相公

瘟司聖眾　　　黑煞三老總爺　　　掌兵太子

白鶯太子　　　　水汗之神　　　　　梟神

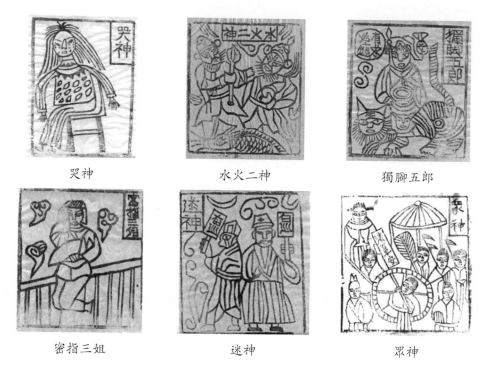

哭神　　　　　　　　水火二神　　　　　　　獨腳五郎

密指三姐　　　　　　　迷神　　　　　　　　眾神

　　由於所祭亡靈離世的方式多種多樣，所以，還要將過關碼子貼在供桌邊上，以呼應祭堂裏靈位之間懸掛的招魂紙幡。過關碼子有「水關」「火關」「天弔關」「短命關」等36種，說明人一生可能遇到的36種關口，過不了這些關口的，便有相似的死法。祭堂裏懸掛的招魂紙幡，所祭祀的，也就是這類「水溺火焚石壓土埋遊魂」「時氣瘟風麻痘夭亡之眾」「他鄉外郡此界廢命之徒」等。

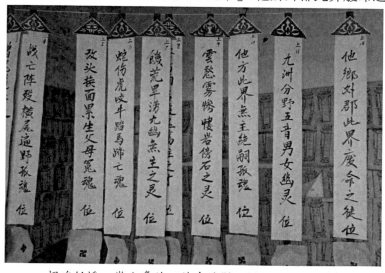

招魂紙幡。巍山彝族回族自治縣，2015，鄧啟耀攝

　　第三天，「先生」帶領參祭者循環往復地祭祀諸神眾鬼，逐次把上奏不同神靈的一封封表文念唱宣讀，配以相關祭品和需要震懾的惡煞碼子，一一焚化。傍晚，「先生」和參祭的老人用米描繪目連圖像，進行祭祀。

　　第四天，除了例行的祭祀，最要緊的是為人舉行「順星」（順正星辰）儀式，為神舉行送真返駕、酬謝雷將儀式，為亡靈舉行頒發文憑、燒包送祖儀式，兼及賑孤利幽，即用繪製目連圖像的米熬成粥，於儀式結束時潑撒到寺外、路口等地，施捨給那些無人祭祀的孤魂野鬼。

　　所謂「順星」儀式，一般在儀式結束階段進行。「順星」即順正當事人的命運之星的儀式，用「替身」碼子和「解結」碼子來做。這天一早，幾位「齋奶」每人手持一面小紙旗，上黏一個從「替身」碼子上剪下來的小人，跟隨做法事的「先生」在幾個大殿之間行走。使用「替身」嫁禍於它的方式，是一種淵源古遠的傳統巫術。凡有邪穢在身，惡煞糾纏，即用這個碼子作為自己的替身，讓其代為受過。「解結」碼子貼在大殿門後的柱子上。這是一種在許多儀式（老人去世、做五七、脫孝、上房、謝土、上墳等）中都會使用的符像。人們認為，人與人相處，總會發生一些糾葛或冤結；做儀式的時候，也會有一些不乾不淨的東西闖進門來糾纏，所以，要在門後貼一個「解結」碼子。儀式結束時，參與者都要做一個「解結」儀式：在正壇前添設一香案，擺五供養，一盆水，將布條裹著一串銅錢，結成一股辮子的「順心結」，掛在貼有「解結」碼子的房柱上。亡人去世滿三年用孝布（白布），家道不順、人有病用青布。布條結 12 個疙瘩，代表一年 12 個月，閏年結 13 個疙瘩，先生稱之為「消災延壽解釋消災方」。參祭者每人手中持香一柱，由一位齋奶搖法鈴在前引領眾人繞主壇走八卦，向眾神行禮。每轉一圈，即讓一人解開一結，並解下一枚銅錢，於案前燒掉「解結」紙馬，連同銅錢一併投入水中。然後，所有參加者每人喝一口盆裏的水，齋奶將水中的銅錢撈出，從銅錢入水後陰陽兩面所佔比例，看卦象是陽旺還是陰旺。銅錢正面為陽，背面為陰，陽多則吉，陰多不好，陰陽對半為平卦。最後，把「翻解冤結」碼子與「當生本命星君」碼子一起焚化。

貼在老君殿門後的「解結」碼子。巍山彝族回族自治縣北壇寺，2015，鄧啟耀攝

翻解冤結　　　　　　　　　　　　　　　解冤

　　在一次次程序繁瑣的祭祀中，「先生」們要對不同神靈念誦不同的經文，不同儀式配置不同的符像，演奏不同的洞經曲目，與之相應的儀式動作、供奉祭品等，也各有講究。在整個法會中，時間節點、空間關係、寺廟建築、神像雕塑、符籙意象、實物祭品、禮儀行為、洞經音樂、口誦和文字經本等

形式，都是儀式的重要構成元素。限於篇幅和本文論述重點，這裡僅對「講目連」儀式過程中，各種符像的使用狀況及相關情景做一大致描述，以觀察作為儀式重要視覺表達媒介之一的符像，具有什麼樣的表述語境和儀式場域。

二、民俗雕版木刻符像及法事視覺傳達的儀式場域

據筆者的現場觀察和對「先生」、齋奶及部分參與者的訪談，以及事後通過電話、短信和微信的再度訪談，〔註3〕著重瞭解符像碼子等視覺傳達方式在儀式中的使用情況。經比較分析，發現符像在「講目連」及相關法事視覺傳達行為中，與如下儀式場域發生關係：

法事的時間節點

「鬼節」是法會的時間節點。時間類神靈碼子，涉及年歲、節祭和時辰，與之相關的符像碼子有當生本命星君、太歲、值年太歲或歲神等。

法會的開始、進行過程和結束，都需要配合相關的視覺傳達行為並配置不同的符像碼子。開壇是開始儀式，要擺壇、演奏洞經誦唱表文（上表、安幡），恭請諸神下凡護佑，借助神力破五獄、消災救赦，迎接已故先人的靈魂回來過節（「鬼節」）。這個時間節點，通過老君像前插有劍、香、令旗等物的升斗上所貼的「當生本命星君」碼子指示了。「當生本命星君」或「本命星君」、「當生本命」、「本命星官」、「本命元辰」等都屬同類型碼子，一般是在某些可能出現問題的時間關頭或不順時節，如本命年、鬼節，或出現破財、生病、招惹是非或官司等情況下，就要祭祀「本命星君」，求其保佑度過關厄。在民間信仰中，本命年是個人人生的時間節點，很容易發生一些不好的事。所以，本命年多有類似「順星」的個人秘密儀式悄悄舉行，至少也要偷偷穿條紅褲衩或在腰上繫一條紅線，以吉祥和盛陽之紅辟陰邪。「當生本命星君」同時又是被招魂者的身份確認，以保障經過儀式認證的魂靈，能夠得到超渡，避免邪靈混入而超渡錯了。

〔註3〕筆者事後通過電話、短信和微信也做了補充訪談，報導人為參加法事的鄭姓年輕「先生」。

老君壇前供奉的「當生本命星君」紙
馬。巍山彝族回族自治縣北壇寺，
2015，鄧啟耀攝

雕版木刻「當生本命星君」碼子。巍山彝族
回族自治縣，鄧啟耀調查搜集

　　時間之神「太歲」，以六十甲子按歲輪值，所以又叫「值年太歲」、「當年
太歲」、「歲神」，以及「陰陽太歲」、「太歲自申」、「十二屬神」等。俗話說：
「太歲頭上莫動土」，太歲頭上是年歲日時，如有需要動土的事，像起房蓋
屋、掘墓壘墳之類，除了要打點好主管神靈，還要小心計算日子，選擇良辰，
避免衝撞到無處不在的時間之神太歲。作為時間之神的「太歲」由於兼職較
多，所以常常插手空間領域的事，雖然是兼管，但此神很敏感，容易過度反
應。即使專職的山神土地同意了的事，如果時辰不合太歲爺的意思，它也會
讓人大禍臨頭。另外，老百姓結婚幾年沒有孩子，或者八字有問題，據說也
是犯太歲了。在中國民間信仰中，以十二生肖屬相確定的本命年是一個關口，
要特別小心。俗話說：「本命年犯太歲，太歲當頭坐，無喜必有禍。」太歲插
手太多，管制太嚴，最惹不起，所以民間認為它是壞神，要把「太歲」碼子
燒了祭獻。

　　日月由於按時升落圓缺，日夜循環，有一定時間的意味，但更多暗示的是
一種與陰陽、變異等聯繫在一起的宏觀宇宙秩序，同時護持「本家堂位」的微
觀家屋空間。所以，日月碼子在與時間和空間相關的祭祀儀式中，也是常用的
符像。

值年太歲

法事的空間關係

民間信仰中的空間類神靈，涉及空間層次、空間方位、管轄區域及重要關口等。

空間層次中的天界符像有「天地三界」等碼子，護持天地人三界的公共空間，上配日月星辰，下配地面水域。所以，第一天開壇儀式，即要豎立「天地六方三界滿空萬靈真宰」神幡，上朝日月斗姆，下安灶君社神，再破地下五獄。

「先生」（道士）帶領眾人豎立「天地六方三界滿空萬靈真宰」神幡。雲南巍山，2015，鄧啟耀攝

　　空間層次中的地界符像有山神土地、土神、龍王、田公地母、樹神、樹木之神以及與水關聯的水神、龍王、河伯等碼子。

　　與空間方位相關的符像碼子有四方大帝、東西南北中五方土或四方土龍神等。在民間祭祀中，東西南北中五方「土神」碼子，往往和「太歲」碼子一起使用，以做到時空同步。

　　與管轄區域相關的有本境地主、各種土主，即地方的保護神等符像碼子。如巍山的「打獵將軍」，原是大理地區六詔時期奉蒙舍詔詔主之令，通知鄧賧詔等詔主參加六詔之會的信使，後來得知詔主們在松明樓被蒙舍詔詔主燒死，他悔恨難當，也跟著自盡了。這位有情有義的將軍便被人們祀為地方的山神和保護神，在巍山縣北部西邊大寺旁邊修有「打獵將軍廟」，成為當地土主廟。有時候出去撞到打仗死的鬼魂，也要祭獻打獵將軍。

本境地主　　　　　　　　　　打獵將軍

　　關口和通道，是空間區隔的邊界、內外分離或連接的重要標誌，與此相關的有橋神、路神、門神等符像碼子。除此之外，儀式中對特定空間中的關口和通道，會有相應的界定和行止措施。比如這次「講目連」法事，因非正祀，故寺的正門關閉，人和亡靈只能從側門通行；亡靈進門後，要通過專設的「金銀橋」，才能迎入祭壇；為防止邪靈竄入糾纏，主殿門後要貼「解結」碼子，供桌下有封住「艮嬰」的設置；如果把邪靈碼子端出去焚化時留守者要緊閉大門，儀式結束後要用白灰封路，參祭者回家要在家門口以艾草熏過才能進家。

　　在信仰者心目中，世俗空間和神聖空間是有嚴格界限而又可互相嵌入的。在碼子裏，日月斗星這樣宏大的空間和家堂這樣微小的空間產生關聯。寺廟、

祭壇與村落，在地方的空間布局中，不同的空間佔據位置、建築區隔和功能差異，都很有講究。對於召喚亡靈這樣的事，即使是已故親人，一般也不願意讓他們回「家」，與活人糾結。所以，把「放假」出地獄的親人亡靈集中請回專設的祭壇空間供奉，就成為村廟建設的重要需求。

村廟是在世俗空間裏設定的神聖空間，它依村民的信仰而建構。比如，巍山古城外的這個村莊，村民信奉道教、佛教並雜糅一些民間信仰，北壇寺也就道佛並存，神鬼同在。在法事中，「先生」們一邊奏樂，一邊帶著手持魂幡、貢香和祭品的「齋奶」們，在老君殿、財神殿、文昌殿、神幡、祭堂之間不斷地遊走。通過這種可見的遊走，我們感知到某種不可見的空間關係，即人間和靈界的關聯，以及神靈所處神聖空間與亡靈所處祭堂空間的關聯。這種關聯性，是祭祀者通過寺廟、祭堂、祭幡等建築的空間分布，祭祀場景的布置，人的儀式行為，符像和祭品等，在上述幾個祭祀空間建立起來的。

儘管儀式空間主要限定在寺內，但寺院所在村落裏的不同家屋空間，以及道路、廣場、店鋪等公共空間，也會形成一個共同的祭祀場域，具有互動的空間關聯性。祭祀信息的傳播，祭品的供應、擺放、使用和回收，參祭者與他們代表的群體，都在一定的社會空間中連成了一種關聯性網絡。而祭壇之外的空間，在儀式中也是需要列入整體關注範圍的。比如在儀式中，「先生」要不斷把邪靈惡煞的碼子「送」出去，在「外面」焚燒；儀式結束時，要把祭獻給孤魂野鬼的粥飯，潑撒到荒郊野外或路口牆角。這些屬於世俗空間和神聖空間之間的邊緣地帶，是邪靈容易鑽空子的地方。

當然，在現實中，世俗空間和神聖空間往往是交錯互嵌的。村廟嵌入在村莊裏，神聖空間移植了世俗社會的結構，使得靈界也有層級和地位差異。比如，在主殿的供桌下面，用紅色封條封住一碗一壺，「先生」解釋道，做法會時，一種叫「艮叟」的邪靈會來聽經，要鎮住它們，不讓搗亂。

我注意到，還有一種空間屬於新的建構：如果我們把「先生」和信眾在儀式中頻頻使用的手機、微信等傳播方式算進去，那還有一種通過新的媒介拓展的虛擬空間，已經悄然嵌入在傳統的靈性空間之中了。

在幾天的祭祀中，既要不斷以香花果水、敬奉諸神，也要安撫可能竄入的邪靈。不同儀式常常會配以相應的符像碼子。直到諸神開恩，同意給所祭亡靈頒發赦罪免難的文憑，於是鼓樂齊鳴，將所有文牒、碼子、紙錢等悉數焚燒。在燒包送祖時，為避免孤魂野鬼爭搶，還有專門賑孤利幽的儀式，把米做的目

連符像收攏熬粥，晚上在寺外地上燃燈賑粥，供那些在正常法事中搶不到吃食的殘疾野鬼食用。最後，酬謝雷將，送諸神返駕，功成圓滿。

供桌下專鎮邪靈的碗壺。巍山彝族回族自治縣北壇寺，2015，鄧啟耀攝

三、民俗雕版木刻符像的表述語境和社會文化功能

作為民間傳統雕版木刻的文化遺物，它們已經引起眾多藝術研究者和收藏者的興趣。但我們不應該將其從民俗的儀式現場和表述語境中抽離，只看到圖像所謂「藝術」的一面。基於視覺人類學立場，我們應該把這類圖像視為歷史和社會文化的文獻，對這些圖像的視覺表達和傳播現象進行整體觀察，把它們在民俗祭祀或佛道教法場中的使用情況和功能意義做一些解讀，分析它們的符號構成系統，考察它們怎樣表意和傳達，並瞭解這類符像及相關視覺傳達形式在民間信仰和宗教科儀中，有什麼樣的表述語境和社會文化功能。

首先，是雕版木刻符像使用和表述的歷史語境。雕版木刻的神佛圖像，在雕版印刷術和造紙術發明之後，很快興盛起來。無論什麼符籙，大都是在整塊

的木刻雕版上，刻以文字或圖像，通過雕版印刷技術，在紙或布上成批印製。插圖、年畫、神像印製的目的在於供奉、保存和傳播，故廣為人知。有關它們的記述和研究也比較豐富，許多宗教典籍中都有它們的身影。

民間符籙圖像，是一種用於民俗祭祀、道教科儀和佛教法場中的雕版印刷作品。這類用木刻雕版印製在紙上的隨祀物，雖然在各族民間使用極為普遍，但不比手繪神像，這類做工粗放、成批印製、成本低廉的雕版木刻用品，祀後即焚，或懸掛在戶外，任由日曬雨淋，很快腐朽；即使張貼在房門室內的，最多一年就要更換。所以，除了紙符傳承人和少量收藏者研究者，它們在文化史和藝術史中留下的記述並不多。

但民俗雕版木刻，由於和民俗，和老百姓的生活和信仰密切相關，它們不被重視，卻沒有死亡，直到 21 世紀還在當代人的日常生活中活態傳承。它們強大的生命力，來自於任何意識形態都無法抹去的集體記憶，以及早已化進老百姓衣食住行生老病死中的民俗傳統。和其他文物一樣，民俗雕版木刻也是一種具有深厚歷史淵源和文化根基的圖像文物。

其次，是民俗雕版木刻使用和表述的區域和人群語境。曾經使用或現在依然在用的群體和地區，有漢、白、彝、藏、怒、傣、蒙古、納西、傈僳、摩梭等民族，廣泛分布於北京、山東、河北、江蘇、浙江、陝西、雲南、貴州、四川、西藏、青海、福建、廣東、臺灣等地地區。

儘管這些民間雕版木刻符像在不同區域和族群中稱謂不一，空間分布及表現形式也有不同，但它們作為民間的、底層的和非主流的藝術樣式，以「野祀」諸靈進行基層社會心理整合，其非一神獨尊的草根性卻是共同的特質。

第三，是雕版木刻符像使用和表述的信仰語境。無論在什麼歷史時期和區域族群中，雕版木刻符像的使用和表述，基本都與宗教科儀或民間祭祀有關，具有明顯的感應靈界的幻化性功能，是宗教或民間信仰一種圖像化遺存。這些雕版木刻符像，用的時候填寫上使用者相關信息，由巫師或道士開光、蓋印，方為有效；在較大的儀式中，根據法事需要，一般會在符上塗以雞血等物，以助祭祀靈力。因此，這類雕版木刻作品無論叫什麼，用什麼材料（紙、布）製作，怎麼傳送或使用（火焚、風揚、張貼、佩帶、吞服），「馬」是關鍵詞。據古籍記載和雲南民間藝人、法師講述，所謂「馬」，是一種約定俗成的靈界使者。雕版木刻符像的使用，一般都有驅邪或祈吉的目的。作為與神靈通達信息的使者，它或者是人與神界的靈媒，或者就是某神的化身或幻象。

　　第四，不同的雕版木刻符像有不同的應用語境、社會文化功能和使用方法。一般而言，用於焚化的多是凶神邪靈，以白紙印製，目的是祛病除禍；用於張貼或懸掛的是佛道吉神，以紅紙、彩色紙或布印製，目的是祈福求財；用於飄撒的，尺度較小，拋於荒山野嶺隨風而化，營造眾神遍在、護佑眾生的意象；用於隨身攜帶或吞服的如護身符，形制多樣，實用功能亦十分直白地體現出來。

　　這些符籙在祭祀科儀中，並不完全分離，一是圖、咒、文常常同刻於一塊版上，二是各種符籙根據祭祀內容和對象的需要，和不同圖像或物象進行組合，交互使用，形成不同的「圖語」或「物語」，指導人們如何趨吉避凶，消災免難。在西南、西北和華南民間，雕版木刻的符像，已經成為民俗祭祀或佛道教法場中必不可少的視覺傳達文獻。民間祭司或道人根據法事的需要，配置不同的「碼子」，代表不同儀式的時間節點、空間關係和目標指向。比如，前述「講目連」法事的時間節點是農曆七月的中元祭鬼節，空間關係是雲南巍山縣城郊北壇寺靈轄範圍社區，目標指向是亡靈，祭者為道教民間正一派「先生」和社區熱心人士，而配置的「碼子」多與亡靈、替身以及和時間相關的值年太歲、本命星君，與空間相關的天地三界、城隍，與祛煞相關的各種惡鬼邪靈等。通過祭祀對「碼子」開光認證、點血享祭，使手工製作的圖像獲得靈性；再通過儀式性的火焚水淨、張貼懸掛、飄撒吞服而使其成為靈媒，獲得通達靈界的靈力。這種充滿象徵性的視覺表達和傳播源於民間信仰，最終固化為特定區域或族群社會生活和精神生活的一部分。

第十五章　民俗雕版木刻與人生禮儀

　　人從哪裏來，到哪裏去，是所有民族都關心的問題。它不僅包括關於個人生命週期的種種禮俗，也包括對於族群來去何處、如何生存繁衍的探問。所以，從生到死，不同民族都有數不清的人生禮俗和節日祭會。

　　中國西部少數民族與人生禮俗相關的節日祭會，主要有關於生育的祈育祭、誕生禮，關於少年發育成熟允許進入社會組織或獲得相關權益的成年禮，有兩性結合、組織家庭的婚禮，有榮升父母輩祖輩的親長晉升儀式，以及喪禮及其相關的一系列紀念或祭奠活動。它們因不同民族的文化傳統和宗教信仰而具有不同的表現形式。

一、誕生

　　隨著石破天驚的一聲哭啼，面對突然闖入人間的小生靈，人們並不僅僅是心懷喜悅。特別是在長期保持著各種原始信仰的民間社會裏，人們或許還會以為，由於那個小小生命的降臨，冥冥靈魂世界與芸芸生命世界之間的通道一下子打開了，有關人等不得不對此做出應有的種種反應。於是，對新生命的祝福，對其命運的擔憂，對自己後嗣的期待，對其前程的張荒，來自人生社會的認同，面對靈魂世界的畏懼，所有這一切，在總稱為「出生儀式」的一整套民俗禮儀活動中，都或多或少地有所反映。

　　民間對生育的重視，在生育類紙馬中反映出來。從孕育、誕生，到養育、教育，各個環節都有專神負責。除了總管九天玄女、天仙娘娘之類，孕產有送生娘娘、催生娘娘，哺育有奶母娘娘、十二奶娘、仙家老太，陪護有陪姑娘娘，生病有癡疹娘娘、眼光娘娘、痘兒哥哥和痘兒姐姐，教育有引蒙娘娘等，以及

抓來就用的神祇，如有不死藥的嫦娥、小兒生病認乾親的七星娘娘、治難產的臨水夫人、保嬰的花婆等等。孕育不僅是女人女神的事，男人男神也需介入，如保生大帝之類。為防意外，各族還有不同的辦法，為孩子定魂、過關、治偷生鬼、拜乾親、吃百家飯穿百衲衣等，可謂無所不用其極。

生了孩子的人家，要背著孩子到祠堂燒紙祭祖。廣東順德，2016，鄧啟耀攝

靈感天仙聖母九位娘娘

靈感天仙聖母九位娘娘即九天玄女，原為神話中人首鳥身，幫助黃帝戰勝蚩尤的女神，後來成為扶危濟貧、送子護嬰的女神。〔註1〕

靈感天仙聖母九位娘娘之位。北京，民國〔註2〕

〔註1〕宋兆麟：《華夏諸神——民間神像》，雲龍出版社1999年版，第189頁。
〔註2〕本圖採自美國哥倫比亞大學史帶東亞圖書館編：《美國哥倫比亞大學史帶東亞圖書館藏門神紙馬圖錄》，中華書局2018年版，第71頁。

天仙娘娘

全知全能的女神。左為眼光娘娘，右為子孫娘娘。左下侍者捧眼晴，右下侍者抱嬰兒。洗三禮時與其他神像同掛，女孩8歲打耳洞時需祭拜。〔註3〕

天仙娘娘。北京，民國〔註4〕

催生娘娘

頭戴鳳冠和玉步搖首飾，捧圭端坐香案前。左右各有侍臣各抱薄篆一卷，後立兩侍者右捧印，左捧嬰。前有香爐、燭臺。需用煮餑餑上供。〔註5〕

催生娘娘。北京，民國〔註6〕

〔註3〕李明潔：《哥倫比亞大學「紙神專藏」中的娘娘紙馬研究》，《華東師範大學學報》（哲學社會科學版）2021年第6期，第130頁。

〔註4〕本圖採自美國哥倫比亞大學史帶東亞圖書館編：《美國哥倫比亞大學史帶東亞圖書館藏門神紙馬圖錄》，中華書局2018年版，第78頁。

〔註5〕李明潔：《哥倫比亞大學「紙神專藏」中的娘娘紙馬研究》，《華東師範大學學報》（哲學社會科學版）2021年第6期，第130頁。

〔註6〕本圖採自美國哥倫比亞大學史帶東亞圖書館編：《美國哥倫比亞大學史帶東亞圖書館藏門神紙馬圖錄》，中華書局2018年版，第82頁。

催生符和保胎符

這樣的圖符如何催生和保胎，是一個也許道士都無法完全說清楚的問題。從符面上看，能夠讀懂的文字包括「吾奉王母敕令」「罡煞」「奉敕……聖人敕令」「靈符救母子周全」以及已經神秘化的「漸」「耳」「雷」等，讀不懂的是那些異形的圖像、符號和生造的文字。

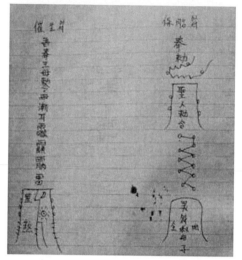

催生符和保胎符。雲南昆明至果道人提供

送生娘娘

送生娘娘保產。臨產前去祠堂請像回家，掛像上供。〔註7〕

送生娘娘。北京，民國〔註8〕

〔註 7〕李明潔：《哥倫比亞大學「紙神專藏」中的娘娘紙馬研究》，《華東師範大學學報》（哲學社會科學版）2021 年第 6 期，第 130 頁。

〔註 8〕本圖採自美國哥倫比亞大學史帶東亞圖書館編：《美國哥倫比亞大學史帶東亞圖書館藏門神紙馬圖錄》，中華書局 2018 年版，第 89 頁。

奶母娘娘

哺嬰養幼。洗三禮祭祀。若奶水不足，需帶大米、紅糖、棗、花生等供品，到東嶽廟請像回家，掛像上供。〔註9〕

奶母娘娘。北京，民國〔註10〕

十二奶娘

廣東東莞漳澎人的床底下喜歡放著一個香爐，村民們說是用來拜祭「十二婆娘」的。十二婆娘即金花廟中的十二奶娘，農曆二月初二為「婆娘誕」，村民要準備三碗飯、三碗菜（有葷有素）和燒酒對著床下的香爐祭拜，此儀式叫「拜婆會」（記音文字）。除此以外農曆九月初九（重陽）和七月十四日（鬼節）也要如此拜祭婆娘。日常的話每天都要給婆娘上一柱清香，先拜伯公（祖先）再拜婆娘。這樣，婆娘就會保佑小孩健康長大，直到16歲孩子長大了便可以「出花園」，從此可以不用拜婆娘了。由於嬰兒和孩子經常除了二月二。九月九、七月十四，給三碗飯、三樣送（有肉有菜）、和十二塊「薄餐」（當地一種用糯米粉製成的薄餅）和燒酒進行祭拜。這些送是先拜伯公，再拜房間裏的婆娘。當地人說十二位奶娘是神仙，也是菩薩。如果小孩子不乖的話，就可以拿小孩的衣服、上幾柱香給婆娘，在晚上喊婆娘驚，小孩便會聽話了。除了十二婆娘外，有少部分漳澎人說房間裏還有「床頭公」和「床頭婆」，保夫妻和睦，孩子健康。〔註11〕

〔註9〕李明潔：《哥倫比亞大學「紙神專藏」中的娘娘紙馬研究》，《華東師範大學學報》（哲學社會科學版）2021年第6期，第130頁。

〔註10〕本圖採自美國哥倫比亞大學史帶東亞圖書館編：《美國哥倫比亞大學史帶東亞圖書館藏門神紙馬圖錄》，中華書局2018年版，第86頁。

〔註11〕本段為中山大學人類學系學生區海泳調查和撰寫。

雲南大理在嬰兒出生三天後，為了討奶，求清吉，家人就要去供奉子孫娘娘和後宮娘娘的衍陽廟（常被誤稱為「陰陽廟」），祭拜後焚化子孫娘娘和後宮娘娘紙符。

仙家老太

雲南鳳羽地區人家在得子添丁後一個月內要「獻奶媽」，求產婦奶水多，孩子健康成長。獻時只能用母雞，不能用公雞。〔註12〕

仙家老太。雲南鳳羽

陪姑娘娘

護佑女嬰成人。準新娘必祀。置於新娘頭飾中。婚禮揭蓋頭後焚化，留灰壓婚床褥下。4歲以上的女孩需祭拜，需供核桃、丸子、花瓶。〔註13〕

陪姑娘娘。北京，民國〔註14〕

〔註12〕趙寅松、楊郁生主編：《中國木版年畫集成·雲南甲馬卷》（集成總主編馮驥才），中華書局2007年版，第217頁。

〔註13〕李明潔：《哥倫比亞大學「紙神專藏」中的娘娘紙馬研究》，《華東師範大學學報》（哲學社會科學版）2021年第6期，第131頁。

〔註14〕本圖採自美國哥倫比亞大學史帶東亞圖書館編：《美國哥倫比亞大學史帶東亞圖書館藏門神紙馬圖錄》，中華書局2018年版，第84頁。

柳英姑娘

小兒滿月，雲南陸良地區要舉行「送飯」儀式，祭祀柳英姑娘，祝福母子平安。〔註15〕

柳英姑娘。雲南陸良　　柳英姑娘。雲南陸良

癍疹娘娘

又名痘疹娘娘、痘神，淨祛斑疹。小兒出花，淨室內設神位、掛神像，虔誠供奉，十三天毒盡結痂，焚化紙馬送神。〔註16〕《鏡花緣》第五十五回述：「世間小兒出花，皆痘疹娘娘掌管，男有痘兒哥哥，女有痘兒姐姐，全要仗他照應，方保平安。」

癍疹娘娘。北京，民國〔註17〕

〔註15〕趙寅松、楊郁生主編：《中國木版年畫集成・雲南甲馬卷》（集成總主編馮驥才），中華書局 2007 年版，第 212 頁。

〔註16〕李明潔：《哥倫比亞大學「紙神專藏」中的娘娘紙馬研究》，《華東師範大學學報》（哲學社會科學版）2021 年第 6 期，第 130 頁。

〔註17〕本圖採自美國哥倫比亞大學史帶東亞圖書館編：《美國哥倫比亞大學史帶東亞圖書館藏門神紙馬圖錄》，中華書局 2018 年版，第 74 頁。

痘兒哥哥痘兒姐姐

小兒出痘，關乎孩子健康和未來形象（不變麻子），所以，男孩請痘兒哥哥保佑，女孩請痘兒姐姐保佑。有的還加上子孫娘娘，雙保險。

痘兒哥哥。雲南大理　　豆（痘）兒哥哥、子孫娘娘。　　痘兒哥哥。雲南大理
　　　　　　　　　　　　雲南大理

痘兒哥哥。北京，民國　　痘兒姐姐。北京，民國〔註18〕

定魂過關

在西部各少數民族裏，不少民族依舊存有人與鬼、靈與肉同生共降的信仰觀念。德昂族人就曾經信仰，嬰兒在出生一個月內（有的說是一年內）是一個「鬼娃娃」，要過一個月（或一年）後才算是一個人。紅河縣哈尼族的傳統觀念則認為，人一降生，便同時擁有 12 個魂，它們對人的安危、禍福起著不同的作用。不僅如此，靈魂還有家族之分，祖靈只保佑自家的後代。滇東北的苗

〔註18〕兩圖採自美國哥倫比亞大學史帶東亞圖書館編：《美國哥倫比亞大學史帶東亞圖書館藏門神紙馬圖錄》，中華書局 2018 年版，第 76、77 頁。

族在過去嚴禁已出嫁的女兒臨產前回娘家，怕的就是女兒提前生孩子。在他們看來，把一個外姓旁人生在娘家，外姓家族的鬼魂可能會衝犯自家族姓的神靈，並給全家人帶來不幸。哈尼族中的所謂婚後「不落夫家」，也僅僅限於生育之前，孕婦卻一律不得在娘家生產，否則將會遭到娘家人及其村落親族們的譴責。阿昌族的民俗傳統則規定，待嬰兒滿月以後，產婦才可以回娘家。如果一個新生命是來自靈魂世界，自然會給凡俗的人間帶來某種不安，新生兒在成長過程中，也會遇到各種關煞。為此，就得舉行各種定魂護魄、過關度厄的儀式（「過關」儀式及紙馬詳見第九章「關煞」中的「命關」部分）。為孩子拴紅線，佩戴長命鎖，或者用朱砂畫一個長命鎖，舉行儀式後燒給小孩吃，就相當於戴在身上。

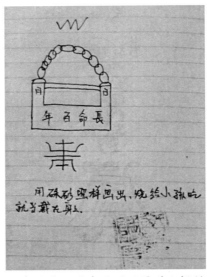

長命鎖符。雲南昆明至果道人提供

偷生鬼

在大理、昆明等白族村邑中，總有幾個名叫「康登」的人。「康登」是白族話「罩得」的意思。有這名字的人，一般都因在他之前所生的孩子都夭折了，便說這家人有「偷生鬼」混入，它們借孩兒身體「偷生」到人間，騙吃騙喝騙一身衣服，撈一把就走人。為留住孩子，他一生下來，就要被一個籮罩住。罩住的魂跑不掉，名字也就叫「康登」（罩得）。還有一個辦法是以惡制惡：你既然「偷生」來騙衣祿，我就偏不給，讓這「偷生鬼」打光身露腚眼，「騙」不到衣裳，光著身子無法回去。千日是一個「坎」，孩子往往在這個時候夭折。為了不讓孩兒魂偷得東西「跑掉」，大理白族的辦法是讓孩子裸體成長。裸身

直裸到十幾歲，那「鬼」想走走不了，不留也得留，被「惡留」下來，死了心，這才得到幾件衣裳。此時，孩子已經陽氣旺盛，抗得住鬼氣侵擾。「偷生鬼」沒偷到衣物，無法「回去」，不知不覺就闖過了這個坎。當然，怕孩子冷著的父母，不得不給孩子穿衣的同時，就會給孩子繫以紅線，佩戴小鎖，或請道士祭祀偷生鬼，焚化「偷生二鬼」的紙符；或用朱砂畫一把鎖，標示三清和壽字，蓋上符章，燒給小孩吃或隨身攜帶，算是入體保護，更有效果。

偷生二鬼。雲南昆明

拜乾親

　　各民族民間到處流行著新生兒「拜乾親」的民俗儀禮活動，也屬於出生儀式的範圍，同樣寄寓著人們對於後代小生命的祝福和期待。就雲南少數民族來看，此類「拜乾親」大致可分為三種情況：一是拜上門來的客人，流行於雲南景洪傣族、猛海拉祜族等等；二是自己找上門去拜，甚至可以拜巨樹、怪石、大橋等物，流行於雲南麗江納西族、大理白族等等；三是在村外山路上「撞名」，凡成年男子碰上誰是誰，無人過路便拜過路的牛羊貓狗，連這也不見則拜路邊的樹木、石頭，流行於滇東北地區及昆明富民縣的彝族。

　　廣東拜乾親叫拜「契爺」。如孩子體弱多病，找算命先生算了被認為是五行不足，就要拜契爺，俗稱入「契」。一般是男孩認契娘，女孩認契爺。契爺契娘除了「命相」相屬，有的地方還專門找惡症患者如麻風病人做乾親，意思是他們既然惡症在身，病多不煩，把孩兒的災厄轉嫁過去也無礙。如果對方同意，則帶禮物去拜。也有的地方就在橋頭路口做個簡單儀式，貼張紅色紙符，寫上孩子的名字，就成了契爺契娘的契兒契女。

碼頭牆角貼的「契女」貼。廣州某村，2009，鄧啟耀攝

百家娃

　　如果怕娃娃難養，民間還有讓小孩吃百家飯、穿百家衣的習俗，也就是向鄰里鄉親討一點碎布頭，為孩子縫一件百衲衣，或是討要一些食物，象徵性地餵孩子幾口，目的是集眾人之力扶助孩子成長。

百家娃。雲南大理　　　　　　　百家娃。雲南大理

提巴

　　「提巴」為漢語記彝音，流傳於雲南巍山大倉等地，為彝族專用。據說提

巴老爺能保佑小孩聽話，順利成長。家中生小孩後，選吉日買一張草席，放在產婦床上，席上供提巴紙馬、豬肉、茶、酒、飯、煙，插旗五面，用錁子一對、黃紙六張、香三炷，送村外燒化。〔註19〕提巴紙馬中的人物赤足披氈，穿長衣，手持煙斗，典型的彝人打扮。

提巴。雲南巍山

引蒙娘娘

護佑引導。鴿子精化身，喜食高粱。孩子首次紮辮時需用鞭尾紮穗。〔註20〕

引蒙娘娘。北京，民國〔註21〕

〔註19〕趙寅松、楊郁生主編：《中國木版年畫集成·雲南甲馬卷》（集成總主編馮驥才），中華書局 2007 年版，第 226 頁。

〔註20〕李明潔：《哥倫比亞大學「紙神專藏」中的娘娘紙馬研究》，《華東師範大學學報》（哲學社會科學版）2021 年第 6 期，第 130 頁。

〔註21〕本圖採自美國哥倫比亞大學史帶東亞圖書館編：《美國哥倫比亞大學史帶東亞圖書館藏門神紙馬圖錄》，中華書局 2018 年版，第 73 頁。

田野考察實錄：雲南巍山「延生」儀式

在中國，生了男孩是個特別需要慶賀的事。雲南巍山彝族回族自治縣的彝族說：「我們娃娃滿月要去拜滿月頭，一個月滿了去磕太平頭。」〔註22〕當孩子滿周歲的時候，就會給他做「延生」儀式。「延生」需要做的事很多，首先是「過關」：即使用一套 24 張或 36 張過關紙符，貼在一個通道（通常在橋上或用一個兩頭通的桶狀物）上，然後請「先生」做相關儀式，讓孩子通過這個萃集了各種關口的通道。過關的作用是象徵性地通過未來可能遇到的關煞，以消除禍患。其次是「抓周」；在孩子身邊放各種物品，通過孩子隨意抓到的物品，兆示孩子今後的人生走向，相當於對孩子未來的一個預言。過關儀式詳見第九章第一節田野考察實錄，這裡只簡述雲南巍山彝族回族自治縣「延生」儀式中的「抓周」。

2001 年暑假，我帶學生去雲南巍山彝族回族自治縣做田野考察。在巍山古鎮附近的寶善三社，一戶劉姓人家要為滿周歲的獨孫劉鑫龍舉行「延生」儀式。已經做完「過關」儀式的小壽星，準備舉行「抓周」儀式。孩子的父母一早就給他換了新做的紅緞衣褲，額上點了朱砂。親友為小壽星送了很多禮物，有蛋糕、玩具、新衣，還有小床、自行車等。鄰居也抱著孩子來「黏黏喜」，院子裏一下都擠滿了女人和孩子。

抓周，是在孩子滿周歲時做的，預測孩子日後喜好的小儀式，這在漢族傳統中已有很長的歷史，有圖喜慶的意思，並不很嚴肅正式。家人將各行當的行頭，如錢幣、算盤、文具、脂粉，以及一些好意頭的物品，琳琅滿目放在案前。先生念叨一通，然後將孩子抱到案桌上，看孩子抓什麼東西。小鑫龍坐在案上，在家人的勸哄下抓了根筆，又抓了棵蔥（筆為從文，蔥代表聰明）。家人慫恿他再抓桌上的百元鈔票，小鑫龍哭號不止，不肯再抓，只好作罷。大家對小傢伙不注意「財經」問題有些遺憾，不過，農村孩子，今後能夠聰明伶俐讀好書，也是一件值得祝賀的事。

過關：劉家獨孫劉鑫龍剛滿周歲，是這次綜合法事的主角之一。在劉家舉行的「謝大土」、「還壽生帳」、「延生」、「薦亡」、「踩門」幾大儀式中，「延生」就是專門為他做的。小傢伙一天換一套衣服，被打扮得鮮鮮亮亮，像個小財主，全家大小除了忙著應對道人們的法事，就是圍著他團團轉（紙馬情況參看第九章關煞中的「過關」）。

〔註22〕雲南巍山彝族回族自治縣巍寶山鄉洗澡堂村，2011 年，鄧啟耀考察。

親友和鄰居為小壽星送了很多禮物，抱著孩子來「黏喜」。雲南巍山，2001，鄧啟耀攝

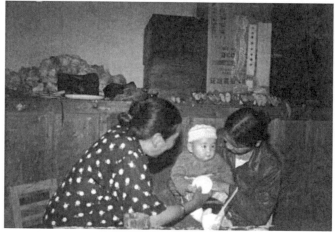

長輩給小壽星塞許多好吃的東西。雲南巍山，2001，鄧啟耀攝

小壽星經不起折騰，自顧睡了。雲南巍山，2001，鄧啟耀攝

二、成人

　　在未成年的少年兒童眼裏，成年人的世界總是一個充滿各種誘惑的世界。當然，要想進入這個世界，未成年人的成長過程中存在著種種考驗，而成年那一刻更有可能面臨考驗。

成年並不僅僅是一種生理過程，更是一種社會過程，是充分享有人生權利和社會義務的一種身份認定。在現代法制社會，少年男女達到一定的年齡後，其成年的標誌是符合法律對成年公民年齡的規定。

　　而在奉行傳統習慣法的村落禮俗社會裏，成年的標誌便不是年齡大小，而是必須通過一種叫做「成年禮」的民俗儀禮。一般地講，成年禮只是一種儀式，而不是節日。不過，也有的民族，將成年禮作為節日的一部分，定期而行；或將節日的意義賦予到成年儀式中，這成年禮，就有些「節日」的意味了。

田野考察實錄：滇川瀘沽湖摩梭人和普米族穿裙子禮

　　雲南寧蒗彝族自治縣永寧摩梭人少男和少女的成年禮都在 13 歲時舉行，具體時間是受禮者滿 13 歲後的第一個農曆大年初一早上，分別稱為「穿褲子禮」（男）和「穿裙子禮」（女），儀式活動的核心內容是為受禮的少年男女換穿象徵成年的褲子或裙子。

　　女孩的穿裙子儀式在大房子內火塘右側的「女柱」邊舉行，給她穿衣打扮的是母親。祭過神靈和祖先之後，女孩靠近公共住宅「一梅」內火塘右前方的「女柱」旁，站在豬膘和糧袋上（象徵衣食不愁），右手拿手鐲、串珠、耳環等裝飾品（象徵美麗），左手捧麻紗、麻布（象徵能幹）。然後，家族的巫師或達巴祭過神靈祖靈，再讓屬相與她相合的女性親人長者為她脫下童裝，換上高領大襟衣、百褶長裙和大包頭，在她腰間紮上一條寬大的繡花腰帶，使她腰板硬挺，顯出成年的樣子。她向長輩叩頭敬酒，長輩們贈以禮品，表示祝賀。男孩的儀式大致相似，只是所站位置為左邊男柱旁，手持銀元和尖刀，由男性親屬為他換褲子和藏袍。

　　穿好裙子，女孩的姐姐手舉一根燃燒的松明，上樓到舅舅的經堂，向舅舅和祭司「達巴」叩頭。他們為女孩祈禱，祝福她「像雁鵝一樣活一千歲，像黃鴨一樣活一百歲。」並在她脖上掛一根羊皮繩，作為吉祥佩飾。舉行完穿裙子禮，親友來賀，向女孩贈送絲絨、紡織工具、衣服和裝飾品，祝福女孩富有而漂亮，生出九男九女。儀式完畢之後，大家按輩分就座，擺上豐盛的食品，一

邊暢飲「蘇里瑪」甜酒，一邊高唱成丁祝福歌，祝願她早日出落為一個能幹而漂亮的摩梭姑娘。〔註23〕

每到新年或重大節日，摩梭人家門頭都會換上新的「風馬」旗。雲南寧蒗，2015，鄧啟耀攝

摩梭女孩進入貼著風馬圖符的祖屋，準備參加。雲南寧蒗，2001，鄧啟耀攝

年滿十三歲的女孩站在豬膘肉和糧食上，讓家中的女性長者為她換裙，象徵衣食不愁；她手持親人送的各種首飾，那是美麗健壯的祝福。雲南省寧蒗彝族自治縣，2002，鄧啟耀攝

男性長者（一般是舅舅）為男孩換裝。雲南省寧蒗彝族自治縣，2002，鄧啟耀攝

〔註23〕本田野筆記詳見鄧啟耀：《瀘沽湖紀事》，中國旅遊出版社 2006 年版，第 115～116 頁。

　　雲南寧蒗彝族自治縣普米族的成年禮的時間、內容與附近永寧摩梭人幾乎完全一樣，原因就在於他們之間同處一地，民間習俗形成了許多相似的東西。也是除夕群聚守夜，天亮趕回自己家中。給男孩「穿褲子」在自己家堆放糧食的屋內進行，多由受禮者的父親主持。受禮的男孩兩腳分別站在糧袋和豬膘上，由其父為之易服，換上成年男人的衣褲，並佩戴腰刀，象徵受禮的孩子此後變得更加勇敢、勤勞，同時祈求祖靈保佑後代過上富足的日子。給女孩「穿裙子」在自己家的牛圈或羊圈門口進行，多由受禮者的母親主持。受禮的女孩站在餵牲畜的料槽內，由其母為之換裝，穿上成年女子的衣裙，並佩戴裝飾品，寄寓受禮的女孩以後會變得更加能幹、漂亮，家中六畜興旺。舉行過成年禮的少男少女，就有了結交異性伴侶的資格。

田野考察實錄：雲南瑤族「度戒」

　　許多民族都認為，人有兩次出生：第一次由母親將他生出來，第二次則由社會將他「生」出來。前者是生理行為，後者是文化行為。這第二次「出生」，就靠成年禮來完成。

　　儘管人從他離開母體的時候起，就已經誕生人世了，但是，在西南瑤族中，有這樣的習俗：沒有經過「再生」儀式的人，只是「生人」或「生肉」，神靈不承認。為獲得這種承認，以「再生」形式進行的「度戒」（瑤族）、「升小和尚」（傣族）等，便不知不覺籠罩在神的靈光之中了。

　　雲南富寧縣、河口瑤族自治縣等地瑤族男性，十二歲以後舉行成年禮儀「度戒」。「度戒」的舉行有固定日期，一般在農曆十月至次年正月，有的地區則定於「盤王節」舉行。據傳說，盤王造了天地後，伏羲兄妹成婚生下一個肉團，剁碎撒掉，撒在山上的變成瑤族。瑤族住深山頭，病多妖鬼猛獸多，人死了很多。祖先盤王教瑤族「度戒」，才得安寧和生存（再生）。因此，人們選在盤王節上度戒，既為紀念盤王，又以此表明自己是盤王的子孫，新的再生是由他給予的。

　　「度戒」儀式即是這種「再生」的象徵性重演。時間一般為七天，有些地方更長一些。度戒前七天，受戒者剃頭洗身，頂一個竹葉帽，由盤王在人間的代理者「師父」領去燒香。從這天起，他便被叫做「辛恩」（意為胎兒）。燒七天七夜香，等於師父師母懷胎九個月。度戒所用的法器少不了面具，瑤族人稱之為「神頭」。其形狀像瓦片，上面畫成各種神靈頭像。面具上不留任何空洞，當度男清醒時，把它頂在額上，「睡陰床」時將它拉下來蓋住面部，從而隔絕

了同周圍環境的視覺交流，以便被引入迷魂失神的狀態，到陰間「拜訪神靈」，獲得新生。面具不僅僅是人神交往的媒介，而且成了他們第二個自我和新生命的象徵。在這期間，「度戒」者要一直躺在床上（但不許仰臥，仰臥犯天神），不可見天（戴笠，以象徵在母腹內），不得吃油葷食物，不得出門，除對戒師外不得與他人講話，專心聽戒師傳授本民族和家族的歷史、宗教倫理規範和為人處世的道理等等。摹仿胎兒的行為度過難熬的「被孕期」。當然「胎教」是少不了的，摹仿胎兒的受戒者，在「孕育」的七天裏，要一言不發地聆聽再生「父母」孜孜不倦的教誨：從盤古開天闢地以來的本族歷史，傳統法規俗尚，到有關度戒是脫胎換骨，再生「父母」師父師母高於一切的信條，都必須牢記在心。師父還要莊嚴地向神靈唱道：「這個娃，沒有爹，沒有娘。來找爹，來找娘，三元師父一個懷孕三個月，日滿到五臺山去生……」儘管這個時候，「這個娃」的親生父母正在外面忙著——為自己孩子能夠順利「脫胎換骨」而付出大量精力和財力。

到了第八天，「辛恩」（胎兒）的「出生」儀式，隆重而莊嚴。師父們在戶外用桌子搭一個高臺，稱「五臺山」。「辛恩」在道師引導下，象徵性地爬過刀梯，踩過火磚，然後正襟危坐於高臺，腰間繫一條白布帶，另一頭繫在道公腰間，表示臍帶與「父母」相連。隨後，鑼鼓齊鳴，在莊嚴的誦經聲與歌聲中，受戒者十指向內交叉捏緊，雙手抱膝，縮成一團，從高臺上仰面滾下，落進下面一張藤蔑大網裏，謂之「翻雲臺」。如果落地後，他的雙手仍緊抱雙腳，成坐像，則表示「度戒」成功，便會得到人們喝彩，並能在今後一輩子受用。師公、道公、引教忙用長長的法衣裹住「辛恩」，輪流餵他水和飯，象徵哺乳。接著，「再生父母」們向「辛恩」宣讀各種戒律（十戒十問），寫成戒書，在記錄這些規矩的紙上摁手印，燒掉「陰牒」，留著「陽牒」，由「度戒」者終身保存，以供鏡鑒言行，死後持牒到陰間陰陽兩牒對合。如犯戒則對不合，將在陰間受難。燒完戒書（陰牒），再用剪刀將拴在「胎兒」和道公腰上的白布帶剪斷，表示割斷臍帶，孩子「出生」完畢，度戒儀式亦告結束。這時，師父摟著自己的「新生兒」邊舞邊跳，人們亦擺酒布飯，宴請賓客。〔註24〕

〔註24〕除作者調查資料，還參見洛岸沙玖、孫敏、李昆：《瑤族「度戒」》，載昆明：《雲南民俗》第6集；趙廷光：《論瑤族傳統文化》，昆明：雲南民族出版社，1990年版；郭武：《道教與雲南文化——道教在雲南的傳播、演變及影響》，雲南大學出版社，2000年版；及雲南民族問題五種叢書（雲南人民出版社、雲南民族出版社）有關資料。

　　這個例子很典型，經過了成年禮通常必需的三個階段：分離、隔絕及重聚。這些過渡儀式，使昨天的男孩以今日的男子漢身份出現，「士」別七日，即當「刮目相看」，成年禮意味著往日的孩子已經成年，可以結婚、自謀生路、參加社會活動如宗教、政治、戰爭等，並充任起新的社會角色。

　　對於行成年禮的孩子來說，無論從文化氛圍上或心理上，都相當於一次新生。也象徵地表演著這種「新生」。例如，行成年禮的瑤族男孩，剃頭洗身，頭戴篾帽或被蓋，象徵胎兒受孕於母腹；他腰繫白布帶，象徵與「母親」臍帶相連；他落入網被，象徵落入母腹；他從網被中出來，象徵從母腹中誕生；人們剪去聯在他與道公腰上的白布帶，象徵割斷臍帶，「嬰兒」正式出世……這些幾乎所有主要儀式都與服飾相關的「過渡儀式」，旨在製造一種「脫胎換骨」，重新做人的文化和心理氛圍。在形式上，它幾乎是誕生活動的再次重複。不同只在，誕生禮是將嬰兒從陰間或靈界引渡到人間，得到血親的承諾；成年禮則將「嬰兒」從血親那兒引渡給社會，得到社會和神靈的承諾。第二次「割臍」（剪斷腰繫的白布帶），象徵這是一次非同尋常的「再生」；而「再生父母」師公道公的地位，與生身父母一樣重要，甚至更為重要。因為生身父母只是人間的守護者，師公道公則是靈界的代理人；父母創造了一個新的肉體，師公道公創造了一個得到神靈允諾的新的靈魂。而「陰牒」、「陽牒」，蓋在他額頭上的「玉皇」印，祖圖長卷以及法壇懸掛的眾神畫像，都是他儀式中和未來能夠穿越於兩個世界的見證。〔註25〕

過山瑤在眾神的注視下度七星二戒。廣西壯族自治區賀州步頭安塘，2010，梁漢昌攝

〔註25〕　本段敘述詳見鄧啟耀、杜新燕主編：《中國西部民族文化通志・節日卷》，雲南人民出版社 2018 年版，第 337～341 頁。

受度者頭頂「神頭」，依次登上象徵「五臺山」的架子，架子懸掛各種紙符和祝詞。雲南省文山壯族自治州富寧縣，2007，王明富攝

瑤族點祭「九壇」儀式。　放置於神凳上的銅鑼、神圖、邪刀、杯茭和香。廣東連南。2004，鄧啟耀攝

身披長卷祖圖的瑤族先生公準備做「請主筆」儀式。廣東連南。2004，鄧啟耀攝

披著祖圖的瑤族先生公親自打鑼，帶幾人到村外岔路口一個破橋邊，誦經、殺雞，做「封路」儀式。廣東連南。2004，鄧啟耀攝

三、婚戀

　　戀愛和婚姻是兩個陌生人從結識到結合，成為一家或從此分道揚鑣的過程，佔據人的主要生命階段，其間充滿悲歡離合，是人生中最有故事的部分。

在民間，流傳著數不清的情歌、愛情故事甚至葷段子。婚禮是人生儀禮中的大禮，其俗豐富多彩。為了情，為了「婚姻大事」，為了婚戀中經常出現的問題，人們或以身相許，或以身相殉，表現都很強烈。民俗雕版木刻，從一個側面描述了這一人生歷程。

1. 求偶

求偶來自生物本能，但人的求偶卻具有許多社會的和文化的意義。追求異性的衝動，不僅來自於性的需求，也來自人對他者認知的渴望。戀是兩性互相吸引、兩情逐漸融合的過程。這個過程充滿激情，也會失去理智；愛要容納他者，愛又是自私的，這種矛盾使戀愛充滿不可思議的張力。

戀魅紙

戀，是人生最魅的階段。在民俗雕版木刻上，我們可以看到民間處理這些問題的一些方式。

隔割神

去耍姑娘，談婚事，總耍不成，談成了也疙疙瘩瘩的，就是隔割神阻隔割斷了，要祭隔割神。齋用糯米燜一鍋飯（意為黏得住），葷用三牲元雞（雞蛋），請格割神享用，祭獻後燒化。雲南話「隔」「格」「各」「割」「角」同音，故常混用。

格角（隔割）神。雲南騰沖　　格角（隔割）神。雲南梁河〔註26〕　　隔角（割）神。雲南騰沖

〔註26〕本圖採自趙寅松、楊郁生主編：《中國木版年畫集成‧雲南甲馬卷》（集成總主編馮驥才），中華書局 2007 年版，第 268 頁。

隔割二神

隔割二神。雲南玉溪〔註27〕

少女符

　　民間道人或巫師多以法術見長，除了驅邪治病看風水，有的還掌握一些秘術，如放蠱和治蠱術、媚術等。雲南昆明的至果道人曾給我看他筆記本裏的一種「少女符」，即是專門用於勾引異性的符籙。他告訴我，這符如使用不當，會出問題。有個人用這個符勾引了某公安局局長的女兒，被抓起來判了刑。

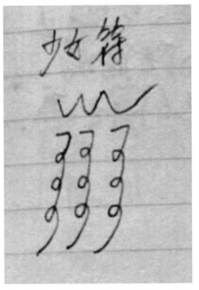

少女符。雲南昆明至果道人提供

〔註27〕本圖採自趙寅松、楊郁生主編：《中國木版年畫集成·雲南甲馬卷》（集成總主編馮驥才），中華書局2007年版，第268頁。

求緣

這可能是現代之作。男子向女子半跪求愛，應該是晚近西方傳入的習俗。人物頭部的形象描繪，也有明顯的卡通畫痕跡。

求緣。雲南大理

男女客官

男女客官或男女客官之神，四處游蕩，魅惑年輕人自殺。夫妻失睦，家庭不和，也是男女客官或男女客官之神作祟，如發生殉情事件，需祀此鬼，送走男女客官之神。在麗江納西族中，稱情死者為「風流鬼」，要請祭祀「東巴」舉行「祭風」儀式，讓情死鬼不要誘惑年輕人。

男女客官。
雲南大理

男女客官。
雲南大理

男女客之神。
雲南大理

送男女客之神。
雲南大理

男女陰神

男女陰神也是為愛情殉情的男女陰魂。

男女陰神。雲南大理

2. 婚姻

婚姻雖然不一定是愛情的結晶，但卻是配偶成功的標誌。兩個完全不同個體的結合，意味著原有家庭的部分解構和新家庭的建構。婚禮，由此成為人生儀禮中最為引人注目的儀式。婚禮是新人向社會告示的慶典，也是新家未來發展的象徵。所以，婚禮總是會通過種種方式，為新人新家營造喜慶吉祥的氣氛。祝福夫妻和睦相處、白頭到老的和合喜神，祈願新人生活富足、早生貴子的招財進寶、床公床母等，成為婚禮中最實用的「好意頭」。

喜神紙

雲南巍山等地，結婚用兩張喜神紙，加上床公床母、和合喜神、和合二神仙、天地紙、家堂紙、灶君紙等，貼在新房，或在家裏燒化。

喜神

喜神符像紅紙印製，建新房、娶媳婦、過年等喜事用。一般大年初一，一開大門就燒。建新房上大梁（當地人叫「飄梁」）時，把喜神馬子貼在放有米、糖、花和松明結的升斗的正中，飄梁放炮的時候，在房梁下燒化，不在篩盤裏送走。娶媳婦（當地人叫「討媳婦」）迎親的時候，打一升米，把銀錢、玉、糖、茶、鹽一包五種放米中，喜神馬子貼在升子上、祖先堂、結婚的新房（專設喜神牌位）、廚房的灶君旁，還可以放在被子裏、枕頭下。在洞房中張貼的喜神，方位很有講究，要請陰陽先生來排四柱。接來的新娘，要面對喜神而坐。點兩隻蠟燭，用蜜飯喂新娘。

而在雲南德宏地區，賓館門口也貼紅綠喜神。

喜神。雲南巍山　　喜神。雲南巍山　　喜神。雲南巍山　　喜神。雲南大理

天喜

天喜。雲南大理

紂王喜神

雲南大理喜州一帶以紂王為喜神，大概取紂王性淫、好喜樂之事的特性。

村（紂）王喜神。雲南大理　　村（紂）王喜神。雲南大理

周公旦和桃花女

根據元雜劇《桃花女破法嫁周公》二人由鬥法到結為夫妻的故事演繹，周公旦和桃花女也成了喜神。因周公旦善箕卜，桃花女善解禳，又為命相家所祀。又說，真武大帝在雪山修煉，丟失了戒刀。後來戒刀變成陽體，刀鞘變成陰體。幾百年後，刀鞘昇天成為西王母的管花女桃花仙子；戒刀則成為老子的童子，下凡成為周公。最後兩人成為真武大帝的元帥。〔註28〕

周公但（旦）、桃花女。雲南大理

和合喜神

和合喜神用途較廣，除了用於婚禮等喜事，也用於家庭和睦的祈福、不孕等。對於一般家庭來說，和睦的基礎是經濟，是能夠豐衣足食。所以招財利市的祈禱，與之相隨。如果婚後三年不孕，便要請巫師做法事。妻子穿上結婚時穿的婚裝，巫師祈禱後焚燒喜神、床公床母、和合喜神、精神甲馬等紙符。

和合喜神。雲南芒市

〔註28〕宋兆麟：《華夏諸神──民間神像》，雲龍出版社1999年版，第322頁。

和合喜神。雲南畹町　　　和合喜神。雲南畹町　　　和合喜神。雲南畹町

和合喜神。　　和合喜神。　　和合喜神。　　和合喜神。
雲南騰沖　　　雲南騰沖　　　雲南大理　　　雲南保山

和合喜神。雲南保山　　　和合喜神。雲南保山　　　和合喜神。雲南保山

和合喜神。雲南騰沖　　　　和合喜神。雲南騰沖　　　　和合喜神。雲南芒市

紅鸞天禧和合二仙

紅鸞天禧和合二仙。　　　　紅鸞天禧和合二仙。
雲南祥雲　　　　　　　　　雲南祥雲

和合二仙

和合二神仙。雲南大理　　　和合二仙。河南開封朱仙鎮年門畫。開封博物館年畫展
廳展品

喜神大吉

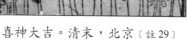

喜神大吉。清末，北京〔註29〕　　和門神、太極符貼在一起的
　　　　　　　　　　　　　　　　和合喜神。雲南巍山

五方車馬神君

　　接新的婚車到達時，為了防止路上帶來的邪靈混入，新郎新娘在大門外燒
守護神「五方五帝」「五方車馬神君」「紅鸞天禧和合二仙」等馬子，念「車到
車居住，馬到馬且停。新人來到此，車馬大吉昌。」並向各方方位磕頭，然後
讓新郎新娘從上面跨過去，稱為「退車馬」。

女方車馬（喜）。雲南大理　　　　　車馬大吉昌。雲南祥雲

〔註29〕以上二圖引自蕭沉博客：《俗神》（圖為日本人20世紀初收藏）http://xiaochen.
　　　　blshe.com/post/78/503808，2010,2,11。

車馬喜神。雲南大理　　　五方車馬神君。　　　五方車馬。雲南大理
　　　　　　　　　　　　　　雲南大理

報喜馬子

報喜馬子。雲南大理　　　報喜馬子。雲南大理　　　報喜甲馬。雲南瀘西

床公床母

　　床公床母即床神。俗傳床母貪杯，床公好茶，所以祭祀時以酒茶為主，在大年初一清晨與祭灶君同時進行。對床神的祭祀是祈求「終歲安寢」，失眠做惡夢是床神搞的惡作劇。結婚、求子，需要祭祀床神，由巫師在婚床邊燒床神馬子，邊燒邊念：「床公床母聽我說，子孫兒女拜託你，我們把嬰兒拜託了，好好照顧他。小孩跨出門檻了，雞飛狗跳也不怕，床公床母在保佑，活潑又健壯。」〔註30〕據說床公床母專門管孩子別從床上掉下來。結婚鬧洞房的時候，鬧洞房者要為新人「安床」。安床需要選一個吉時，點一盞有五個燈芯的「五

〔註30〕大理周城段繼蘭講述，楊郁生記錄，見楊郁生：《雲南甲馬》，雲南人民出版社
　　　　2002 年版，第 101 頁。

子燈」（寓「五子登科」），燒紙錢三份，化一個床公床母馬子，配天地人三才、日月星三寶和喜神馬子，在新人的雙人大床腳燒。老到（有經驗）些的新人自己燒也行。

床公床母。雲南巍山　　床公床母。雲南大理　　床公床母。雲南大理

床公床母。雲南大理　床公床母。雲南巍山　床公床母。雲南巍山　床公床母。雲南巍山

安床大吉昌

安床大吉昌。雲南祥雲、彌渡　　安床大吉昌。雲南祥雲、彌渡

田野考察實錄：雲南大理白族婚禮

2018 年金秋早晨，我從蒼山下的雲南大理周城村白族四合院裏醒來，空氣清新，陽光明媚。房主人做扎染，兼開客棧，還專設了一些空間做白族服飾和扎染展示。聽說我們來拍婚禮服飾，就說打電話問問。我們借在街上小吃攤吃早餐的機會，也向老闆打聽有沒有婚禮的事。不一會，消息匯攏，我們趕上了好日子：今天是 10 月 26 日，農曆九月十八日，公曆和農曆都是雙數（成雙成對，按中國習俗宜結婚）和吉數（九，漢語意為長長久久），村裏結婚的不止一家！我幾年前春節期間帶學生來這裡做田野考察，也是遇到幾起婚禮。周城白族婚禮一般要做四天，第一天搭彩棚，第二天吃生飯，第三天正喜，第四天出街吃魚飯，然後擇日回門（一般在第五天）。

我們趕上的是婚禮的關鍵日子——正喜。興沖沖邊問邊走，穿過一些石頭小巷，看見門口搭了彩棚的院落就是了。客人多，廚房不夠，一些煮肉蒸發糕的大鍋，熱氣騰騰延伸到院外路邊。廳堂和小院裏擺滿酒席，高朋滿座。我們詢問可不可以參加，要有什麼禮數？一位穿白族服裝的大媽利索地回答：歡迎歡迎，禮金交 400 元就可以了。她看見我們的相機，補充道，如果拍照，要 600，六六大順嘛！我們依言呈上紅包，馬上被引至宴席，大魚大肉，上來十大碗。我們後悔早餐吃的太飽，看著喜宴的酒菜動不了幾筷。

飯後，新郎和一些老人帶著祭品去祭拜景帝靈帝本主。我們打聽到新娘正在樓上裝扮，徵得主人同意，便去了樓上。樓上擠滿了新娘的小伴。新娘穿粉紅長衣坐在木凳上，雙腳踏著一個裝滿穀子的木升斗，上面放一盞油燈，象徵婚後衣食無憂、前程光明。一位大嫂一邊為她梳頭，一邊說些祝福生活美滿子孫滿堂的話。同時把男方家送給新娘的聘禮：金的項鍊、耳環、戒指，碧玉的玉環、手鐲，銀的手鐲、鱔魚骨、髮紮等，一一為新娘佩戴。其中，碧玉鐲和銀鱔魚骨是必須的，新娘在坎肩右邊拴一串銀鱔魚骨，左手腕戴一隻玉鐲，標誌著已經結婚。

新娘戴的花冠很高，裝飾了各種各樣的絨球、絹花和彩珠，中間圍護一隻金鳳凰。民間傳說，大理蒼山洱海一帶風水很好，王氣重，唐宋時出過南詔王和大理王。後來朝廷探出王氣來自一個叫鳳凰山的地方，就派人破壞了它的風水。當地老百姓為了紀念鳳凰，製作了鳳凰冠。

新娘最後脫下高跟鞋，換上繡花船頭鞋，在胸前用紅線掛一面鏡子，鏡面朝外，就算梳妝好了。

　　樓下的廳堂喜慶的嗩吶響起，女方父母和家族長者，正在接受新郎的禮拜。之後，新娘的父親為新郎戴上胸花，掛紅。新郎敬酒致謝後，上樓把新娘接下來。老人交給新娘一根縫衣針和頂針，有時還為她戴上墨鏡。老媽媽帶隊，迎親隊伍抬著采禮，簇擁新人上路。走到本村周城河橋頭，新娘把縫衣針和頂針丟入河中。

　　進入用火和辣椒熏過的新房，新娘把胸前的鏡子取下，掛在衣帽架的長明燈旁，鏡面朝房門，意為驅走邪穢之物。而新娘要一直呆在房間裏不出來，晚飯後，才由婆婆帶出來見賀喜的賓客。

新娘腳踏裝有糧食和油燈的升斗，親友為她精心打扮。雲南省大理白族自治州，2018，鄧啟耀攝

年長婦女為新娘梳妝打扮，新娘要在胸前佩一銅鏡（現改為圓玻璃鏡），以防陌路上遊魂野鬼的侵襲。雲南省大理白族自治州，2018，鄧啟耀攝

臨行前，長者用一把筷子給新娘餵飯。雲南省大理白族自治州，2018，鄧啟耀攝

在嗩吶聲中，新郎拜見新娘的長輩，然後上樓迎接新娘。雲南省大理白族自治州，2018，鄧啟耀攝

抬出嫁妝，準備送行；新娘出門，除在胸前佩戴鏡子，還會戴一副墨鏡。雲南省大理白族自治州，2018，鄧啟耀攝

3. 離異

　　兩個來自不同家庭的人組成新的家庭之後，如何從互為他者磨合為「一家人」，是很多人的難題。在這個過程中，雙方不同的生活習慣、家庭背景、個人性情等，難免有誤會和排異，發生各種矛盾和衝突。特別在以男性為中心的傳統家庭中，女子基本上脫離原屬家庭，孤身一人進入全然陌生的環境。她適應這個環境需要時間，男方家接納她也很不容易。而男方家的女性，如婆婆、姑姑等，如何接納這個「侵入者」，往往成為問題。所以，自古以來，婆媳關係、妯娌關係、夫妻關係等，就成為坊間永遠扯不清的話題。

　　破壞家庭的另外一個因素就是「出軌」。兩人世界如果有第三者插足，情況會變得相當複雜。第三者的介入，成為很多家庭破裂的原因。當問題不能得到解決，離異不可避免。

青姑娘

　　劍川白族婦女農曆正月十五日「青姑娘節」，祭奠的是一位不幸的童養媳。傳說青姑娘從小父母雙亡，被迫做了童養媳，受盡惡婆婆的虐待。她每天如牛似馬地幹活，報酬卻是每頓的毒打。她實在難以忍受，在元宵節那天跳河自盡。青姑娘的悲慘遭遇，激起白族姑娘的義憤，她們便將這天定為自己的節日。每到這天，就抬著精心紥繪的青姑娘像，繞遍村中巷道，既是對青姑娘的祭奠，也是對一切惡婆婆的抗議和示威。又說，青姑娘娘成為生育之神，她身旁的金華主生男，銀花主生女。

青姑娘娘。雲南大理　　　青姑娘娘。雲南大理　　　青姑娘娘。雲南大理

勾絞

　　又叫「勾絞星」。雲南方言描述男女之間不正當關係，常用「勾勾搭搭、二五裏絞」這個話來形容。「出軌」的現象，男女都有，但以男性為中心的傳統社會，卻多把責任推到女性那邊。人們認為，風流女人「心怪」，善於勾搭糾纏，壞人家庭，當「小三」，在鄉土社會中多被視為「災星」，需要專門做法退掃。雲南騰沖「勾絞」紙符上的女子，穿高跟鞋，提手提包，打扮時髦，胸部顯眼（類似透視裝），和一黑衣男子手挽手，兩人之間還飄著一朵心形黑雲。另外一幅「勾絞星」紙馬，則是一個老太太指著少婦斥責的圖像。而大理的「鉤絞」紙符，則是兩個披頭散髮的女人，似在糾鬥。兩地關於「勾絞星」的不同描繪，反映了對這類「心怪」之事的不同認知。

勾絞。雲南騰沖　　　　鉤絞。雲南大理　　　　勾絞星局部。雲南騰沖

邪祟勾絞

　　雲南保山的「邪祟勾絞」，十分明確地界定了勾絞者「邪祟」的性質。畫面中的男女長相怪異，手持鉤狀物，準備害人。

邪祟勾絞。雲南保山〔註31〕

四、親長晉升與祝壽

　　傳統社會、傳統文化和傳統民族心理，皆以傳統為本。對傳統最熟悉的，莫過於輩份高經驗豐富的長老。他們，自然而然地成為傳統社會的主要支柱，受到全社會的尊重。無論所尊者是男性長老還是女性長老，基點都在「老」字上。老經驗代代承襲，老前輩德高望重，是傳統社會的公式。

〔註31〕　本圖採自趙寅松、楊郁生主編：《中國木版年畫集成・雲南甲馬卷》（集成總主編馮驥才），中華書局 2007 年版，第 270 頁。

為使老人延年益壽，身體健康，有的民族還有專門的長壽經會或求壽道場。中甸、麗江等地納西族分別在農曆正月、三月和九月做會，為老人和族人求壽。這天，祭司東巴用麥麵捏製三十七個菩薩像，砍來十三根香樹、十三根青竹，插在十三尊神面前，燃香念誦《長壽經》，遍請諸神，並給族人叫魂，向神請壽。

榮升爺爺輩，便需為生者「還壽生帳」，使其「二世有錢使」，既為自己和同樣晉升祖輩的妻子祝壽。

雲南大理巍山一帶老人 60 歲後「過喜板」（壽板，即棺材），選雙月或閏月，最好是閏月，把喜神馬子貼在老人後背上，配一份五寶、三份紙火、九炷香。祭獻後收藏起來，等老人去世後把這些東西在家堂裏焚化。

長命符

三天賜福轉運降鴻寶牒。廣東廣州

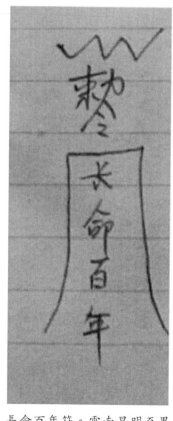

長命百年符。雲南昆明至果道人提供

壽星

壽星。雲南玉溪〔註32〕

福壽雙全

「福」字為背景的壽星。河南開封　　在「壽」字中呈現的幸福生活。晚
朱仙鎮年門畫。開封博物館年畫展　　晴民國，蘇州桃花塢年畫，南京博
廳展品　　　　　　　　　　　　　物院展品

〔註32〕本圖採自趙寅松、楊郁生主編：《中國木版年畫集成‧雲南甲馬卷》（集成總主
　　　　編馮驥才），中華書局 2007 年版，第 197 頁。

福壽雙全。晚晴民國，蘇州桃花塢年畫，南京博物院展品

田野考察實錄：雲南巍山以親長晉升的祝壽為核心的綜合儀式

2001 年寒假，我帶學生去雲南巍山做田野考察。在巍山，很容易碰到舉辦各種儀式的民間活動。才進入巍山壩子，我們就遇到兩輛馬車，車上運了一些紙紮喪事用具。詢問趕馬人，被告知第二天有出殯。行至巍山城北的群力門外，又見一位老婦挑著 4 個紙紮的房子。原來附近就有人家做法事，老婦是做法事人家請的齋奶，姓鄭，64 歲，廟街鎮繫馬椿村人，人稱「阿橋姐」，前來協助「先生」操辦當地劉姓人家的延生、祝壽、薦亡、謝土法事。她肩挑的房子叫「金倉銀庫」，是「薦亡」用的。我見那些紙糊的別墅都貼著一些紙剪的小人，身體是民間剪紙的味，頭卻都是雜誌上剪下來的明星頭像。問何以如此，竟答：「老人家苦了一輩子，讓他到陰間也腐敗腐敗。」說話時態度嚴肅，沒有半點搞笑的意思。

挑著紙紮房去參加法事活動的齋奶。　紙紮房上即將燒化給亡人的明星。雲南巍山，2001，鄧啟耀攝

　　我們和她邊走邊聊，她說：「板凳有腳不會走，扁擔無腳走四方。我們是到處走的人。」說話間很快就到了村中做法事的人家。我們進入的村莊叫寶善三社，做法事的人家男主人叫劉枝元，47歲，他的妻子44歲，姓字，是當地彝族常見的姓。他們有一兒一女，長女劉林芝，25歲，小兒劉林波，23歲，已婚並生子，兒子剛滿一歲。我們參加的儀式，是一個以親長晉升儀式（「還壽生帳」，使其「二世有錢使」）為核心的綜合儀式——前要祭祀去世多年的父母，告慰祖先，劉枝元夫婦已經榮升爺爺奶奶輩，祖先的位序將向更高處延伸，所以要做「薦亡」儀式；後要請祖先認親，讓剛出世的孫子順利過關，健康成長，延續劉姓家族的香火，所以要做「延生」儀式；劉家作木材和家具生意，經濟條件不錯。去年開始建新房，新近完工，「由於建蓋房屋搬了些石頭搬了些土，要謝大土」。所以，特請先生來做法事，把「還壽生帳」、「薦亡」、「延生」、「謝大土」、「踩門」等儀式一起做了，祈求家宅平安，人旺財豐。儀式複雜，招引的各種鬼神比較多，其間難免會夾雜許多應時而來的凶煞邪靈、孤魂野鬼。所以，這次做法事，必須考慮到方方面面情況，對善神恭恭敬敬，對惡靈也馬虎不得，切勿疏忽大意而引致病痛和災禍。此類凶煞邪靈數量眾多，有道教系統裏的陰界冥神，也有民間信仰中的本土鬼靈。它們特性不一，作祟的方式也各不相同，祭祀起來也比較複雜。

　　徵得主人的同意並奉上我們的禮金，我們被允許旁觀他們的儀式。

　　下面是劉枝元的親屬關係圖示：

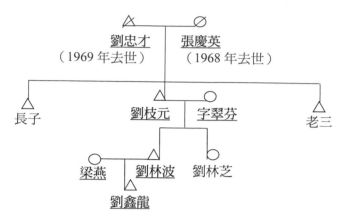

注：名字下劃線為和儀式直接相關的人

劉家的宅院帶有巍山地區民居的共性。一方面由於多從祥雲等地請白族匠人來建造，在房屋整體式樣、裝飾細部（如門楣、屋簷處）上帶有白族民居的特點；另一方面，由於當地材料的特殊性，牆體少用石，多用土夯築，或半土半磚，裝飾較少，以實用為主。就布局上講，劉家主房坐北朝南，兩層。樓下中間為堂屋，兩旁為側室，住人。樓上閣樓，是家壇所在，供奉祖先、亡人牌位，不住人。新建的是院西牆的兩層耳房。廚房在耳房南側的院角落裏，灶臺上方有神龕，供灶王。正對主房的南牆空著，只在牆下擺種些花草。院門開在東牆。四圍中央一天井，種著幾棵樹，是孩子們戲耍玩鬧，女人們做活嘮嗑的地方。出了院門便是條自家的窄巷道，通到村裏的大路上，劉枝元的兄弟家就在巷口對面。

這次劉家請來了六位「先生」，年齡大多在三四十歲。他們來自附近廟街鎮、巍寶鄉等鄉鎮，都出身於當地農民。「先生」是巍山人對民間道人的稱呼。他們有道號，但不是職業道士，不過是在家修行而已。他們平時著俗裝，不忌口，可以結婚生孩子，閒時也幫家裏打理一下田地。從他們自己的講述及其道譜傳承來看，是歷史上由武當山和巍寶山龍門派傳授發展的清微教，邱祖龍門派道譜的正一道人。雖然道號是按全真龍門派道譜傳承，但他們供奉的先師則是張天師。他們拜師入教主要修習一些道教科儀。法事的每一個步驟該怎麼做，他們都很清楚，但道教理論上卻知曉不多。百姓有喪葬、過壽、建房之類的事宜，通常請他們前去做法。像在喪葬儀式中要為亡者定入棺時間，引魂開路，彈救苦洞經，看風水選墳地，亡故五七、百天、三年之時要做法祭祀。哪家結婚要請他們測定日子，生了孩子要定八字、定名。老人過

壽,蓋新房擇日謝土都有相應的一套法事要作。當地百姓家中有這些事情時,一般都會把道士請去做法。另一方面是每逢各路道教神仙壽誕、忌日,各村及齋主也會邀請他們到各村的廟宇或巍寶山、縣城附近等處的寺廟道觀中念經作會,弄得他們很忙。一位年長道人說:「今天本來要去小寺的,我老了,不去了,來這裡串玩。我們不是道士。道士不幹活,365 天都在道觀。我們要回家幹活。改革開放,念經的人多起來了,會做法事的也多了。老師是誰,說不清楚,個個都有老師,個個都沒有老師,跟著跟著就會了。我們靠念經吃飯。」

在劉家,先生們忙不停地彈唱經文,寫焚表書、誥文,各類儀式從早忙到晚,幾天下來,相當辛苦。詢問起來,他們中有幾位已經一個多月沒回家了。據我們觀察,他們為做法人家念唱作打一整天,除了吃住由主人家管以外,每日法事結束,主人會用手帕包些什物遞給每位先生,打開來,裏面通常包著一包煙、一把瓜子、幾顆糖,以及壓在下面的一張五元或者十元的票子。從勞動量與強度上來講,報酬確是相當低的。這樣的「活計」,每月少則一兩場,多則四五場法事要做,忙起來甚至要靠手機預約。如最年輕的先生宗維寶,頭戴自製道冠,身穿緞面道袍,腰間別個手機,神氣活現地在儀式中揮劍誦經。他是廟街鎮宗旗廠村民,才 27 歲,卻已經拜師從道六年。宗維寶覺得,在現時的巍山農村,做先生是比務農更好的謀生出路。確實,在務農以外,從事先生這行,雖然念唱做法著實勞神辛苦,但多少能補一些家用。不過,在現在外出打工就業機會日漸增多的情況下,如果單是從謀生來講,這個出路並算不上來錢快的行當。但是,宗維寶似乎很滿意這份「職業」,在他看來為人做法是做善事,是積功德的事。而且,能讀經寫字,為人做善事,在當地農村還是受人尊敬的。而且宗維寶喜歡做法、作會時與村人鄉里打成一片,吃睡在一起,氣氛活躍,像是過節。宗維寶說,大夥伙圖得就是個窮歡樂。宗維寶在其中似乎找到了生活的意義。現在在縣城周邊農村,道士年輕「生源」並不缺乏,宗維寶這一輩的年輕先生,好多已經收了小徒弟。

民間道人無固定的組織及成員組合,只要鄉親們有需要,就會請熟通的人幫忙約請,然後他們自己再相互邀約。他們說:「板凳有腳不會走,扁擔無腳走四方。我們是到處走的人。」在此地,「先生」是受人尊敬的職業,他們自身也相當敬業,一方面他們似乎將之視做自己的「事業」,另一方面,

也會覺得他們所做的是善行，是為百姓辦事，所以更有理由多奉獻一些。而且，他們的職業比一般的職業更具神聖性，接受百姓的供養本身就要付出更多來回報供養者，這樣才能積累福德，而不是單單從經濟利益的角度來衡量得失。

主持法事的民間道人。雲南巍山，2001，鄧啟耀攝　　儀式中，要準備大量符表、旗幡、紙紮、馬子和供品。雲南巍山，2001，鄧啟耀攝

　　在劉家，還有一些忙出忙進的「齋奶」。所謂「齋奶」，是當地吃長齋的老婦，有很多是孤寡老人，無依無靠，便吃齋念佛，以求精神上有所寄託。各路神佛祭日時，附近廟宇道觀作會祭祀，她們常一起前去燒香、念經，給先生們幫忙，折些元寶、錁子，黏貼和焚燒紙馬，甚至幫忙敲打樂器。平時也會經常聚在一起，念經、聊天，相互有個照應。村上鄉鄰家裏做法事，她們也會去幫忙，先生們在壇前念唱，她們就在旁邊跟著念，相當虔敬。通常齋奶是熟知法事路數講究的人，一方面她們與村人相熟，一方面又與做法先生們相熟，所以，在村民家中需要做法事的時候，她們往往成為穿針引線的人，一方面幫忙聯繫做法先生，一方面在儀式中幫代準備什物，引領家人遵守儀式中的講究，指點做法的人家，按「規矩」辦事。所以做法事的人家對齋奶很是尊敬客氣，雖然做法人家並不像給道人們那樣給她們功德錢，給也就是 10 元一天，但每餐飯都會主動請齋奶們用飯。而齋奶們並不白白受領，往往主動給做法的人家掛上功德錢，在法事當中很是熱心。在她們看來掛功德、幫忙都是積福德的事，給予別人得越多，越能身後得善報。

在道壇前擊打木魚的齋奶。雲南巍山，2001，鄧啟耀攝　在道人做法事的時候齋奶協助念經。雲南巍山，2001，鄧啟耀攝

　　此外，劉家的遠親近鄰也是在儀式中進進出出的一類人。因為有祝壽、小孫子滿周歲之類的喜慶事，按規矩劉家要在村裏宴請村人及親朋好友。村裏有專門的承包酒席的場地，劉家擺了大約 30 桌酒。按禮數，前來慶賀的親朋好友們也都會帶些賀禮，比如給老人的壽麵、壽酒，給孩子的童車、玩具等，一般都不會空手而來，或者起碼要掛些功德錢，十塊、五塊不等，這些錢會用做幾日的集體伙食。劉枝元隔壁的兄弟家，在這幾日也幫忙照應接待客人，而且，在法事進行完畢，家中上下乾淨無穢後，劉家人便要在七日內不再接待客人，劉家以外的人都不能進入劉家，而他兄弟家將成為招待客人食宿的地方。一般前來拜訪的客人都不會白來吃住，而不來慶賀的鄉鄰，即使劉家主人邀請吃酒，也會婉言辭謝，不會白白領受恩惠，或者礙於情面，來了，但絕不好空手。而作為主人家，禮數一定要作夠，酒席一定要擺，親朋來給家中的主人拜壽，晚輩叩拜恭請於前時，家主人也要逐個給紅包，酒席一方面是慶賀，一方面也是對親朋鄉鄰的還禮，更多時候，主人家要花費更多才算盡地主之儀。

　　劉家這次的法事要做四天。在法事中，符表、符章、符像等雕版印刷品用量巨大，幾乎充斥在整個法事的方方面面。在這個法事和後來的巍寶山廟會中，我們親眼見這些可愛的版畫貼滿一牆，裝滿一簸箕，怎樣被抹上雞血，然後隨著道人先生的喃喃咒語和揮舞的寶劍，在烈火中化為黑色的紙爐隨風飛揚。

（1）法壇佈設、神像及紙符安置

在巍山，歷時 4 天的法事，算是耗時較長的大法事，因而法壇布置也相當複雜。

主要的法壇設在主房閣樓上，總稱皇壇。正中設正壇，用幾張桌子搭成「工」字形，中間靠北牆面南掛幾幅手繪神像。後排疊加一桌，上方供奉太上老君、玉皇天君。

前排下方供奉斗公、斗母，案前供有一個紅紙貼金喜字的升斗。旁邊放置一喜神和財神馬子。升斗裝滿米，放兩塊紅糖，一盞燈，一個紅紙小包。升斗上插「無上大羅七寶九宸上帝位」，兩側先插劍和其他法器，法事開始後插 12 個小黃紙幡，上貼剪紙圖案和替身馬子。替身馬子又叫「小災方」，為九宮格式，刻繪 9 個形象，作為祖先、亡人的「替身」，代表九宮八卦。謝土、家道不順、叫魂、祭本命星君、解結順心、祭祀亡魂，起盤子用。這些由齋奶小心剪出的「替身馬子」，被黏在紙幡上，然後供在正壇神像下面，似為使它們置於大神的庇護之下。升斗前原貼喜字的地方現在貼上一張「當生本命星君」的馬子。

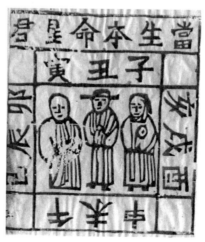

替身馬子。雲南巍山　　　　　當生本命星君。雲南巍山

兩邊以竹竿拉線，左側供奉靈報天君，裝滿米的升斗上插的牌位是「天曹掌甲午丁酉宮當生本命元宸星君位」；右側供奉救苦天君，裝滿米的升斗上插的牌位是「地府掌甲午丁酉宮當生祿庫案官典者位」。

正壇左右呈「八」字型設八字壇，左方神壇正對門口，原為家壇，現暫移走，供奉碧霄大地。

　　右方神壇供奉城隍、雷祖等，神龕裏供有「敕封鳳巍兩縣城隍有感尊神位」，上貼兩張「元始一炁萬神雷司」陰陽牒及「右專牒請」各路神仙的白紙。陰陽牒下方貼「功曹符使」馬子，旁有「土府太皇宮呈進」「先天露落府呈進」「金輪如意府呈進」「后土蕊珠宮呈進」等陰陽牒，牒套上貼陰陽八卦符馬子。左側牆上，亦貼有兩行文書和陰陽牒。牒套上貼聖人牌紙馬和八卦紙馬，牒內置「啟玄獻玄文書」或各類疏奏，簽名發送，分別呈進上天諸神。念完一個文表燒三道，漸次燒完。

　　供桌上，供奉米、飯、蛋、茶、酒、糖、果、花、糕點、肉菜、淨水、柏枝、香燭、紙錢和喜神馬子等，以及供道人和齋奶念經和做法事用的經書、誥文、木魚、鈸、鈴、鑔、雲鑼、笛、鼓、胡琴等。

　　最外面的兩邊依然以竹竿拉線，中間懸掛一些吉語對聯和剪紙的喜字吉符，兩邊懸掛描繪的龍柱。這些神像和裝飾建構了一個奇異的空間，相當於在世俗的民房裏搭建了一個圖像的神殿。

設在主房閣樓上法壇正壇所祀手繪道教神靈。雲南巍山，2001，鄧啟耀攝

正壇供奉斗公、斗母，小紙幡貼替身紙馬。　八字壇之一。雲南巍山，2001，鄧啟耀攝
雲南巍山，2001，鄧啟耀攝

靈報天君　　　　　　救苦天君　　　　　　祭品、法器和樂器

雲南巍山，2001，鄧啟耀攝

祭場。雲南巍山，2001，鄧啟耀攝

　　除了這幾位做法時要求到的主職神，正壇兩側及背後牆上還掛滿了雕版
木刻紙印的其他各路神仙的牌位、表文和符像馬子，門頭、桌上、簸箕裏，也

擠滿了符像馬子，幾乎每一「部門」、每個角落都照顧到了；無論主流神仙還是邊緣邪靈，都一一招呼到，相當周全。

　　巍山地區信奉的道教神靈主要有：三清（玉清元始天尊、上清靈寶天尊、太清道德天尊），四御（昊天金闕至尊上帝、中天紫微北極大帝、勾陳上宮天皇上帝、承天效法土皇地祇），三官（天官、地官和水官）、三皇（天皇、地皇和人皇），大明之神（日）、夜明之神（月），北斗之神，五星五行之神，斗姥之神，太乙、文昌、列星諸神，風雨雷電諸神，五嶽、五鎮、四瀆、四海之神，山川、社稷諸神，五祀、八蠟諸神，城隍、土地諸神，灶君、門神、財神諸神，先農、先蠶、馬牛、瘟疫諸神；上八洞神仙，中八洞神仙，下八洞神仙，各大姓祖先（如蒙氏南詔王、彝族土官左姓祖先等），聖哲賢才和忠孝之士，〔註33〕加上各種山野精靈，不下幾百種。這些神靈少數為手繪圖像，多數為雕版木刻紙印符像馬子。沒有符像的，在祭祀中或者牌位伺奉，或者口誦名號。

　　在祭祀本境諸神的時候，主祭的巫師或「先生」通常會吟唱「請神詞」，遍請手繪圖像和雕版木刻紙印符像、牌位上所列神鬼名號：

>　　地綠綠來天荒荒，
>　　小巫有請眾菩薩。
>　　上請玉皇張大帝，
>　　下請土地雙。
>　　太上老君上首坐，
>　　還有帝君叫文昌。
>　　大羅神仙一齊請，
>　　一位也不差。
>　　日神雨神和龍神，
>　　五百神王請到家。
>　　文武財神都要請，
>　　坐的滿當當。
>　　十殿閻王都請到，
>　　本主爺爺來增光。

〔註33〕薛琳：《巍寶山道教調查》，見雲南省編寫組：《雲南巍山彝族社會歷史調查》237頁。昆明：雲南人民出版社，1986。

閒神野鬼也要請，

痘神小姑娘。

四海龍王也來到，

牛王馬王羊娘娘。

日遊夜遊兩道神，

一齊請到家。

五道神來六爺爺，

山神樹神石大王。

瘟神牽著黑煞神，

也來增過光。

小巫把神請齊了，

叫聲各位聽端詳，

酬神謝神要誠心，

才得保平安。〔註34〕

　　這些神靈，符像馬子大多都有刻印。在劉家法事場上，諸神符像馬子和各種符表、符咒無處不在。

　　神疏需要呈進和迎請的神靈，根據法事需要而列。劉家這次「謝大土」、「還壽生帳」、「延生」、「薦亡」、「踩門」等儀式一起做，需要呈進和迎請的神靈很多。主壇供奉的大神，如太上老君、玉皇天君、靈報天君、救苦天君、碧霄大地、雷祖、斗父、斗母等，都用手繪圖像；其他諸神異靈，如財神、灶君、山神土地、城隍、子孫娘娘、太歲、當生本命、瘟司聖眾、咒詛六毒、五道大神、五祀六神、飛龍飛虎、下壇兵馬各部神和當境山川社稷風雲雷雨之神，就用雕版木刻紙印的符像馬子了。這些符像還好辦，都是現成的，麻煩的是為那些文牒填寫神名人名，忙得先生們夠嗆。為此，主家專門在樓上放了一個桌子，好讓先生們寫字蓋章方便。

　　正壇正對南窗前設天地之位。把「天地三界」馬子貼在中間，配「月光」、「灶君」等馬子。左方為大，供奉灶君；右方供祖，拿黃紙貼在樓上，旁邊配「搬財童子」、「運水將軍」。

〔註34〕楊憲典：《大理白族的巫教調查》，見楊仲祿、張福三、張楠主編《南詔文化論》286頁，昆明：雲南人民出版社，1991。

天地三界。雲南巍山　　　　　　　月光。雲南巍山

祭壇上的喜神馬子。雲南巍山，2001，鄧啟耀攝

　　供奉灶王的廚堂設在樓下廚房灶臺前，貼一張黃紙印製的「東廚司命」灶君馬子。同時也貼一些用紅紙或黃紙印製的馬子，如闔家同樂、財神、喜神、善神、灶君、招財童子、利市仙官馬子等。「闔家同樂」馬子上有「今年好豐收，老幼得幸福」字樣，明顯是農民的祈禱。

在供天地處貼的灶君。　　　　　在灶房煮飯處貼的灶君。
　　　雲南巍山　　　　　　　　　　　雲南巍山

山神土地。雲南巍山　　閤家同樂。雲南巍山　　財神。雲南巍山

招財童子、利市仙官。雲南巍山　白龍、蒼龍、財龍。雲南巍山

　　正壇背後左下桌角，供土地。正壇右邊，設百客壇，祭祀族內亡故先人。平時主房樓上是祭祀祖先的家壇所在，祖先、先人牌位居於家壇中央。家壇前書「天地國親師」，貼天地馬子，下置財神像馬子，旁邊配喜神善神馬子。

　　這次法事，因為主要是祭拜祈請各路神仙，自然將諸神的牌位置於中央，而家中祖先、亡人牌位的「本家堂」和「家神土地」暫時請到了一側角落。家堂馬子代表祖宗牌位，安家堂時用，搬家前祭獻，年三十晚上磕頭祭獻天地時也要燒。把紙錢在火盤裏燒，下方燒白錢，上方燒黃錢（黃錢專門燒給神）。

　　家壇旁邊立放一棵帶葉的竹枝，上掛一條紙剪的長幡。他們解釋說，老祖公去世是歸隱竹林，上天到那兒接他們，悠然又有幾分仙風道氣。地上放置矮桌設為百客壇，亡魂、先人與神靈屬於不同的界，而且地位有尊卑。中間用鑲紅邊的白紙寫「本春劉氏門中歷代宗親考妣等魂香席之靈位」，右書「正薦」亡者，以父母等直系親屬為主，共錄名56位，「前三牌位是最老的祖公」；左書副薦「亡者」，為家族中人，共錄名29位。供桌旁放竹枝幡，據說先人亡故，歸隱竹林，要從竹林裏接出。供桌上，供奉燈、香燭、果、齋飯、糕點、壽麵、餅、茶、棗湯等，每到吃飯時要來獻菜，口中念唱：「老祖公來請飯了！」伴以鼓樂。祭獻、焚燒後讓它們離去。現在請進諸神，家壇暫移右邊龕內。

本家堂位。雲南巍山

家神土地。雲南巍山

被符咒封住的正房房門。雲南巍山，2001，鄧啟耀攝

　　劉枝元夫婦的房子在樓下正房，但一直緊閉房門。門上有日月門神，另有一張紅紙畫的符封住了門。符中有道人畫的符咒，上方寫「元始安鎮」，兩邊書「土龍安鎮，家道昌隆」。

　　劉枝元兒子和兒媳婦的新房在樓下側房，他們剛結婚並順利生了個兒子。由於他們的生育，劉枝元的兒子晉升父輩，而劉枝元夫婦則晉升祖輩。生兒子是大喜，子孫娘娘、床公床母等理所當然屬於需要酬謝的神靈。

　　劉枝元的兒媳剛生兒子，順產，已經度過難產這一關了。不過，生產難免流血流水，民間俗信害怕對諸神諸靈有所污穢和衝撞，所以，小心謝罪謹慎防範還是必要的。劉枝元兒子兒媳婦的房間門頭上，掛了一個從巍寶山買來的「笑頭和尚」面具，下有一黃符，即為鎮宅之物。

　　在這場儀式中，還有一類來自地界的神，不過與善意的土地、灶王不同，他們屬於凶神，比如動土蓋房，會驚動四方土龍神，所以要以謝土等儀式來加以安撫。四方土龍神的祭壇便在晚上按各個方位名號擺在樓下院子裏。其他凶神的祭祀儀式也在晚上進行，與白天祭拜的各路神仙的歡快熱鬧相比，夜間的祭祀則小心、緊張。這一類的神，數量眾多，似乎主宰著另一個陰邪可怖的幽

冥之界。禍祟類的兇神惡煞精怪邪靈，需要禳解。禍祟類馬子很多，民間認為人生病、死亡、家道不順、年成不好，都是衝撞了邪靈；建房、開礦、生孩子，由於動了土，流了血，驚擾或污穢了神靈，也不可避免地會帶來禍祟。禳解的辦法是做法事、祭獻和安撫神靈，請求它們不要作祟於人。

子孫娘娘。雲南巍山

床公床母。雲南巍山

劉枝元兒子兒媳婦的房間門頭上掛的「笑頭和尚」面具有鎮宅黃符。雲南巍山，2001，鄧啟耀攝

血腥亡魂。雲南巍山

　　禳解儀式用的馬子置於一個大簸箕、斗籮或篩子，放香（一個馬子放三炷香），配一付錢鍪，叫「起篩盤」。道人誦經做法，仗劍驅趕，用雞血點過，撒五穀（穀子、包穀、蠶豆、高粱、綠豆）除穢，再拿桃弓柳箭射過，祭祀後用篩子端到家院外面燒掉。由於邪靈馬子多半用灰白色土紙印製，所以簡稱「出白」。

　　而人在這當中處於一個什麼樣的地位呢？在這場儀式的場景中，人也有其位置。首先是亡故了的人。百客壇與神壇的區分便是不同界域的區分，人始終是人，與神不同，即使是需要虔敬供奉的祖先。在祭奠中，追思、安慰的態度多於奉祀、祈請的態度。每做完一個儀式，就要給亡人燒一些紙錢和馬子，呈上供品，為亡者念解罪超渡的經文，由家中人持引魂幡引請先人前來歆享。再就是活著的人。儀式的目的一方面是敬拜神靈、仙人、故人，另一方面更重要的是為了生者。祈請的目的是活著的這些人的安康富足，儀式本身要安慰的也是生者。每處祭壇前擺放的給劉家人跪拜時用的蒲團，也是給生者留下的空間。再有一處，便是主房樓下，堂屋門前，道人們設立的師壇，供奉著張天師。此處為祖師設立祭壇，一方面是在儀式過程中要祈請先師幫助，另一方面，這也算做是道人們給自己留下的一塊空間。道人們的身份與他們的先師一樣有不同於神、人的特殊性。就他們在儀式中的角色而言，起著穿針引線的作用，連通神界，稱頌神靈；打通鬼界，超渡亡靈；斬妖除魔，震懾邪靈；還有就是引領生人，在各個壇點上下遊走、叩拜，安撫活著的人。在儀式中，他們成了連接神、人、鬼各界的力量。在師壇前的唱頌，想必心情與其他不同。最後，在新建的耳房樓上露臺外，還高高立了幡，幡下也設祭壇。幡的功能一方面是通向神界，祈請各路神仙；另一方面也是告白村中鄰里，自家在行法事。

　　（2）儀式過程

第一天

開壇：法事正式開始。先生們穿道袍，戴冠帽，奏樂，樂器有大鼓、鈸、碗鑼、胡琴、笛、鈴、鐺等，不算齊全，但已夠熱鬧。開壇唱《朝壇偈》、《玉光偈》、《雷霆偈》、《延生偈》、《救苦偈》、《三官偈》等一系列偈子，為後幾天的法事提挈總綱：

　　　　朝壇偈

　　　　道本中庸出自然，日將性理要周全。

　　　　增延福壽存陰陽，輝德仁慈繼善緣。

　　　　法用先天通太極，輪推寶藏合乾元。

　　　　常清常靜朝元始，轉據玄機造化全。

　　　　玉光偈

　　　　遙望通明謁昊天，昊天今開降經筵。

　　　　經筵裏面金光現，光現宮中寶珠懸。

珠懸貢米朝元始，元始說法度人天。

人天稽首朝太上，太上彌羅樂上天。

延生偈

北辰照耀正中天，斗轉星移福無邊。

本命延生來下降，命宮星宿雪千層。

延福延生延壽算，生天生地更生仙。

真文乃是皇家篆，經誥經宣金口傳。

　　接著眾人念唱《三清經》，頌神，起頭和落尾時奏樂，念時不奏。並念誥書懇請元始天尊、靈寶天尊、太上老君三清君，及玉皇大帝降臨，同時邀約其他眾神。先生們解釋：「玉皇大帝當主席，掌管天下，請一位天尊就念一誥。上天的部門很多，就像國務院各部門，都要招呼到。比如你們在地上屬教育部管，在天上就歸文昌帝君管。」接著是安五老（東西南北中），迎六司，對法事中主要用到的法器——印、令牌（玉皇號令）、令旗、寶劍、尺、策，祭祀啟用，一方面是敬神，一方面是表明自身責任之重大與受任之鄭重。

　　主持的先生跪於壇前，吟唱式地念誦誥文。主請元始天尊、靈寶天尊、太上老君、玉皇大帝四位。先生說：「請一位天尊要念一個誥文。玉皇大帝當主席，掌管天下，下面各個部門就多了，比如管你們教育部的文昌帝君。」對於表誥、文牒上必不可少的印符，先生們特別強調：「印也是神。天篆人不識，就照著遺留下的圖符畫，拓下來刻印。」

　　請水：一行先生，到主人自家吃水的井邊，奏樂者吹拉彈奏，邊奏邊請，念《龍王經》。其中一位拿一插著柏枝，繫著紅布的水壺打水（柏枝、紅布都是辟邪之物）。請來的水，要作為五供養的一種，供奉在各神案前，以敬神仙。

龍王。雲南巍山

　　立幡：將幡樹在高杆上，意為上告天界，請各路神仙降臨。幡頂立一紙鶴，為人間做法消息的傳達者。幡首次升起時，卷著的幡打開，其中夾著的紙錢、硬幣散落，取吉祥意。同時念玉皇誥，向玉皇大帝上表，焚表。每日法事作完，解開繩子，由著布幡自己落下，根據落地時布條所結的式樣占卜吉凶。

道人在幡前祭祀。雲南巍山，2001，鄧啟耀攝

　　安監齋：打掃廚房，實行齋戒，給灶王上監齋牒、監齋誥。

　　拜灶王經：給新居開夥祭灶，道士在主壇前念唱《灶王經》。《灶王經》主要的內容都是要講給女人聽的，比如女人在灶堂前的一些行為禁忌，女人在家中應當孝敬、勤快，擔當好伺候公婆、丈夫，哺育兒女的責任之類，是一部教育婦女遵守婦道及灶臺前禁忌的經文，其功能多少與民間勸人行善的善書相似。道士念唱過程中，前來參加儀式的吃齋的年長婦女，到了這一環節，都跟著念唱，許多年長的阿婆年輕時都念過這部經，在她們年輕的時候，這部經都是女孩子都是要背的。

其他法事使用的灶君。雲南巍山

　　安師真：在主房樓下師壇前，念《安師真經》，祭奠祖師張天師，徒孫開壇做法，並請祖師相助。《安師真經》的經文是每位弟子必須熟記在心的。

　　迎醮安五老：在師壇安師真後，一路奏樂回主壇，繞主壇走八卦路線，由正對正壇繞西側經背後家壇，出經土地位回正對正壇位，再逆時針繞八字壇左側一周，又回正對位，再順時針繞八字壇右側一周，終回正對位。邊走邊念《叱水結界玄科》、《安五老》，意思是與仙界打通，並請東南西北中五方主神降臨。主壇兩側掛著的各路神仙的名號也逐個念請，是為迎醮。

四方大帝、五方土或四方土龍神。雲南巍山

　　拜消災懺：念唱《消災懺》，為主人家消災解禍。

　　朝靜斗：在正壇念唱《靜斗科》，朝拜本命斗，祈祝主人家事業興旺。全家人都要跪拜於前。

招亡：念《救苦經》、《諸品誥》，招引先人亡魂前來歆享供養。

發牒：在拜消災懺、朝靜斗、招亡等議事中，向神仙奏請及從陰間招引亡魂，都需要一系列牒文，必須用墨汁、繁體書寫、印刷或雕版刻印在做法專用的黃紙上，念過之後燒掉。

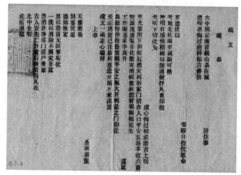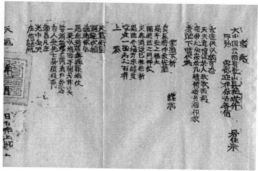

疏文（左：印刷品；右雕版木刻作品）。雲南巍山

疏文內容為：

元始一炁萬神雷司本司今據

大中國雲南省巍山縣在城北寶善三社居住奉

道叩

恩贖魂祈福消災保吉善信劉枝元闔家等即日具情上干

大造下情伏為　　本命　　年　　月　　日　　時

猶恐起居出入，不知禁忌之方；動靜行藏，致招無心之咎。因而魂魄飛揚，精神蕩散，以致如斯，不能安泰。匪仗神功，曷由追贖？是以皈投

本家東廚司命灶王府君　　　通聞

紫雲臺上楊泗將軍　　　會同

五方管魂大將送魂使者，即便勘詳某某名下生魂，失於何方？或在天牢地獄？或在鬼窟神祠？或在古蹟靈壇？或在寺觀里巷？或在曠野荒郊之外？或在山阱水石之中？或因跌蹼而駭落其魂？或見怪異而驚散其魄？或遠或近，或顯或幽，煩為火速簽查；真魂正魄，的確明白，即希沿途護送，訂於今日夜間子時交付某某身中，勿令喪失。庶使精神爽暢，營衛周流，三田充溢，六脈均調，

上彰

神化，下副凡情，須至牒者

右　專　牒　請

家居司命主者，水火干係六神

照　驗　施行謹牒

天運　　年　　月　　日具牒

在它旁邊，還有「土府太皇宮呈進」、「先天露落府呈進」、「金輪如意府呈進」、「后土蕊珠宮呈進」等神疏，它們都是刻印在黃紙上的印刷文字，有《神疏》、《小神疏》和《謝本主疏》等種，格式固定，屬於啟玄獻玄文書或各類疏奏，需要簽名發送。如筆者現場採錄的一個豎排「疏文」：

疏奏

大中國雲南省巍山縣在城北寶善三社居住奉

道叩恩懺愍善信劉枝元闔家等即日投誠皈命

玄造伏以

天地無私竭至誠而可格

神明有感惟精禱以能通俯抒凡衷仰投

天聽下情，伏為劉枝元闔家，虔心悔過，祈求清吉，上叩

恩光掌照下，祈解厄消災，再祈家門清吉，人口平安，五穀豐收，六畜興旺，財源茂盛，冤非化散，災消病癒，赦愆宥罪，賜福延生，

工作順遂，求學高升。　　　　　　謹就

良辰特伸投告，望賜平安之福，大開利益之門。仰仗

天麻消愆已往恭祈恩造介福方來謹貢

疏文一函志心端拜

　　　上奉　　　　　　聖前恭望

天慈俯垂

洞鑒伏願

德沛恢宏

恩施浩蕩，無涯罪垢。仗

一洗以消除不測災，非冀

普消於淨盡，門清戶秀，家吉人安，先亡升度，後裔榮昌。凡在光中全叩

庇佑謹疏

天運某某年某某月某某日劉枝元闔家百拜上疏

「陰陽牒」封套為長條白紙，拓印「元始一炁萬神雷司」字樣，加兩紅印，下貼一用桃紅紙印的「功曹符使」馬子。符使騎馬執牒，其傳遞牒文的職能不言而喻。道人們怕我們不明白，解釋說：「功曹符使，就像郵遞員一樣，專職送表給天宮地府的。」

安鸞：忙碌一天，晚上法式結束時，念《安鸞偈》，安頓神仙，請他們回去休息。

第二天

玉光清恩：清晨即起，念唱《玉光清恩經》，朝拜玉皇大帝，請其上朝。新一輪的法事開壇。

玉光三轉：緊接著，向玉皇大帝上奏。表文是事先用木刻版刷印好的，內容以敬神、祈福、贖罪為主，先生只需填上奏請者的姓名，比如劉家全家。藉此機會，前來念經、燒香、為劉家祝賀的遠親近鄰，也都託先生代填一份表文奏上，以求吉利。儀式按《三轉朝科》的禮儀步驟進行。首先，一行人下樓，在師壇前啟師，即稟告祖師，並請祖師相助；接著回主壇，念靈咒，開科，全家跪拜在壇前；事畢收科；急懺，即懇切懺悔，希望贖清罪過；上表；執事道人念表；先生們在前奏樂引領，由家主人捧錶盤，盛諸道表文、香燭、紙錢，送表，一家人列隊尾隨；主人在主壇屋外焚表，即奏與玉皇，先生在旁奏樂；焚後奏樂回壇。所謂「三轉」，及三個來回，一套儀式要上上下下做三遍，目的是表示尊敬、鄭重。上述為第一轉。回壇後，又念開科，又念收科，又念急懺，又上表、念表，奏樂送表、焚表，又奏樂回壇，此為二轉。緊接著，三轉開科，收科，急懺，上表、念表，奏樂送表、焚表，再次奏樂回壇。此三轉之後，回謝玉皇，下樓謝師，方才尾剎結束。

雷霆三轉：儀式步驟與玉光三轉相似，只是經文改念《雷經》，是向雷祖祭奠、祈求，同時也包括雷部中百多位天兵天將。目的主要是為了懺悔，為做法的人家進行悔過。《雷經》中也多為勸化人的內容。

拜表頒赦：先人生前所做惡事，死後受苦，所以先生要做法破獄救亡人，並上表到青宮救苦天君處，為亡人頒赦。先生們在樓下天井中用幾條長凳搭了檯子，臺上放桌，桌上又放椅子。其他先生在師壇前奏樂，執事先生站在高處桌子上，念《拜表頒赦經》，及上給救苦天君的表文，劉家男女主人先後跪拜

在臺下，手托錶盤。先生念經完畢，將表文越過椅背遞下，下面跪拜者叩首，接表在錶盤中，此即為拜表。完畢之後，如前幾儀式一樣送表、焚表。

救苦三轉：拜表頒赦之後回主壇，午飯之後，按《救苦三轉朝科》開始為劉家亡故之人做法，消滅陰間的苦難。三轉的大體過程如前，一樣也要頭尾下樓啟師、謝師，中間送表、焚表三次。不過，因為是超渡亡人的法事，念的經文、表文內容又有不同，以超渡先人為主。同時，做法過程中又多了一個法壇的介入，即百客壇，在家壇的西側，通常也叫民戶、民位，為鬼門、孤魂所在。壇內供奉家中光緒、宣統年間以來亡故的祖輩先人香席，名字一一羅列。在救苦三轉的過程中，家人先要在百客壇前祭拜，壇前供桌上的供養一一端起進獻，由此家後人，扛一束上繫符咒條幅的柳枝（稱為引魂幡），走在前面，意為引請先人，然後回主壇叩拜。全家列隊出屋送表、焚表的時候，也先要經停百客壇作揖。

所有呈進諸神的表文、亡魂在地府裏的昇天功德文憑、「無上三皈九真妙戒壇牒」等，都裝在一個用紙製作的長方形包封或牒殼裏，拓印呈進諸神名號，加兩紅印。包封或牒殼上貼有八卦、聖人牌馬子，或用雕版木刻印出仙童蓮花。人死百日脫孝時，要包白鶴包封。在呈進諸神的表文、亡魂在地府裏的昇天功德文憑填寫名字和日子，上款寫「某某年月日，亡者某某某」，下款署送包人的姓名，和在郵局寫的性質一樣。裝一份白錢（三張）。

包封上刻寫了一些固定的文字，右書：「大中國雲南省巍山縣在場某某村居住某某某處備冥財一封上奉某某某超昇仙界，脫化南宮，公元某某年某某月某某日化奉。謹封。」

左書「青華誥」：

> 青華聖境，東極上宮，十方化號，度眾生百億；瑞光瞻妙，相
> 即隨機，而赴感由，誓願之弘深；九色蓮花作慈航之彼岸，一枝楊
> 柳開甘露之法門；無量度人，大慈仁者，大悲大願，大聖大慈，太
> 乙尋聲，救苦天尊。

黏包封只能用中指，不能用食指，因為食指是惡指，是罵人的。

舉行法事後，撕作兩半，陰牒焚化，陽牒留下。這些文書和「陰陽牒」，做一個法事燒三道，三道三道的燒。

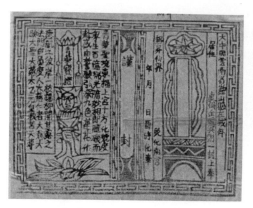

青華誥封套。雲南巍山　　　　　　　仙鶴蓮花童子封套。雲南巍山

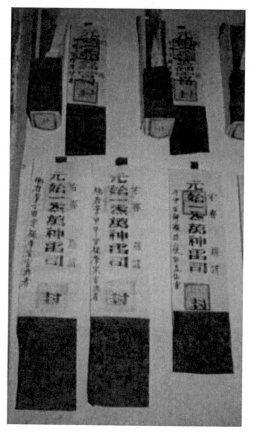

八卦封套。雲南巍山　　　　　　「先生」身後牆上掛滿準備呈報
　　　　　　　　　　　　　　　給諸神的陰陽牒和封套。雲南巍
　　　　　　　　　　　　　　　山，2001，鄧啟耀攝

陰陽牒和封套上貼的功曹符使。雲南巍山　陰陽牒和封套上貼的八卦馬子。雲南巍山

主房閣樓上經道人誦過經的文書、陰陽牒和馬子，由齋奶一一端到門口焚化。雲南巍山，2001，鄧啟耀攝

　　拜北懺：為死人超渡之後，即為活人祈壽。念《北斗延生寶懺》，向北斗星君祈求健康長壽。

　　朝北斗：念《太上玄靈北斗本命延生真經》，朝拜北斗，以求能為此家人加福加壽。

　　大安鸞：晚上，一天法事以《安鸞偈》結束，請神仙休息，忙了一天的先生們也得以休息。

　　第三天

　　延生三轉祈壽：延生祈壽法事，按《延生祈壽朝科》進行，與前日的三轉法事相似。

　　拜千張：據先生講，人託生時，跟閻王爺借了錢，拜千張，即是還欠閻王的錢，先生念唱《延生千張法懺全行》，劉家人跪拜在前，捧金銀紙錢票，燒給閻王，以求今生平安長壽。

談壽經：在樓下師壇前談唱《先天靈官西河破膽經全卷》，劉家主婦跪拜於張天師像前，此經是為劉家全家祈福、延壽。

操三官：以三轉形式，分別向三官上表，一轉求天官賜福，二轉求地官赦罪，三轉求水官解厄。一轉，首先在主壇前念唱進給天官的表文，家中老少跪拜於前，由兒子捧錶盤，內盛錁子（紙元寶，4對）、紙錢、條香（12根，每對錁子3柱香），然後將表文連同啟下的所求神仙的牌位一同放近錶盤，接著，跳神開始，主執先生手拿令劍、令旗在隊首，其他先生敲鑼打鼓在後，一起繞主壇急跑翻跳，劉家兒子劉林波捧盤急急跟跑，家中其他人也緊跟其後。也按八卦線路繞壇，然後跑經天地位，百客壇，立幡處，下樓，師壇、廚堂一一鬧跳過，又跑上樓，在門口，劉林波捧錶盤跪拜叩首，進表，焚表，進香。事畢回主壇在繞行一輪八卦，才算敬完並送走了一位神仙。天官、地官也如是進行，三轉下來，大家個個大汗淋漓，先生說，神仙喜歡熱鬧。

手拿令劍、令旗的先生帶隊繞壇，在樓上樓下一一祭過。雲南巍山，2001，鄧啟耀攝

「談洞經」的法壇樂師。雲南巍山，2001，鄧啟耀攝

順星解禳：儀式的目的是消除過結，以求和氣。上房、謝土、上墳，因為「土重」了，要祭獻焚燒。老人「回」（去世）了，做五七（去世35天），脫孝的時候，也要燒。做這個法事時，氣氛頗為緊張。

先生先唱《雷咒》，請元始一炁萬神雷司。

元始一炁萬神雷司本司恭奉

上帝敕命頒降百解符章

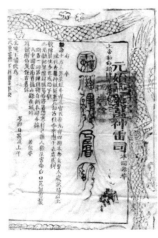

此處蓋一個大紅色印章並以五個紫紅色雷咒接排。供桌上的祭品和紙品。雲南巍山，2001，鄧啟耀攝

　　女主人叩拜，跪捧供桌上的諸樣供品敬獻神仙。除了五供養以外，還捧茶、捧米、捧紅包（意為捧寶）、捧佛珠、捧紙衣裳等。

　　先生再念《大百解》，這個經咒用長 75 公分，寬 35 公分的雕版木刻經文和符咒，外框以二龍搶寶和雙鳳戲珠圖像裝飾，白紙印，文字豎排並在開頭結尾處加蓋印章。經咒如下：

　　右奉

　　敕命十方三界、星垣斗府、三官五帝、九府四司、本命玄曹、太歲煞局、瘟土隍社、各屬神祇、冤家咒詛，古往今來，應幹去處，或與赦除，前生今世，或恐不敬三光，觸犯聖像，呵風罵雨，諮署怨寒，利己損人，殺生害命，白口咒詛，剪髮斷香，一切罪障，俱與自新。本司今據

　　大中國雲南省巍山縣在城外寶善三社居住奉

　　道禳解告災保吉善信劉枝元闔家等即日投誠上干

　　玄造下情伏為

　　天京掌照下，祈清吉平安

　　慮恐星煞泣沖，運限乘危，或天遣訴誣，下鬼侵害；方隅冒犯，咒詛牽纏；陰陽失調，氣候流毒；修造超蓋，干犯土司，赤身裸露，觸突真靈；湊合生災，難扶安妥；求哀解釋，祈保平安。幸

　　上帝施好生之德，許下民仲懺悔之忱。今就良辰，修演經科，職司領詞，難仰合為宜行。仰遵

敕命，頒告太上，流傳解冤釋結文牒一道，告聞諸司星府所付
西河救苦薩翁大真人，乞為憐憫，下情災罪，咸與赦除。俯為
身中違犯戒條，恭對
聖前逐一解釋施行

　　　一解除所犯天災地禍——解散
　　　一解除所犯本命宮分，流年星煞——解散
　　　一解除所犯大小運限，三方四正並沖——解散
　　　一解除所犯年月日時，周天星宿照臨克戰——解散
　　　一解除所犯命運限宮，太歲諸宮，烈曜惡煞——解散
　　　一解除所犯天煞地煞年煞月煞日煞時煞——解散
　　　一解除所犯東方甲乙寅卯木木精木容侵害——解散
　　　一解除所犯南方丙丁巳午火火精火殃擾害——解散
　　　一解除所犯西方庚辛申酉金白虎金精克害——解散
　　　一解除所犯北方壬癸亥子水水精水神為害——解散
　　　一解除所犯中央戊巳辰戌丑未土土精土瘟為害——解散
　　　一解除所犯春夏秋冬，積諸罪業——解散
　　　一解除所犯三元五臘，十值八節，積諸罪業——解散
　　　一解除所犯陰曹王案，前生積諸罪業——解散
　　　一解除所犯東嶽府七十五司，積諸罪業——解散
　　　一解除所犯城隍司六曹部下，掌管冤尤詛咒案——解散
　　　一解除所犯天香司命，土主土地，裏域神祇，積諸罪業——
解散
　　　一解除所犯土府九壘，土瘟土煞，動土沖害——解散
　　　一解除所犯飛龍飛土，故氣興妖，修造動土為災——解散
　　　一解除所犯冢訟微呼，先亡伏連，死魂染葱，伏屍故氣——
解散
　　　一解除所犯前生父母，億接種親，夫妻男女，罪業冤由——
解散
　　　一解除所犯觸犯三光，不孝二親，積諸罪業——解散
　　　一解除所犯不仁不義，無愛無慈，積諸罪業——解散
　　　一解除所犯內親外族，報恨冤憂——解散

一解除所犯太歲白虎，坐宮為害——解散

一解除所犯羅猴計都，坐宮為害——解散

一解除所犯欄杆貫索，死魂哭泣——解散

一解除所犯小人不足，口舌晦昧——解散

一解除所犯灶前剪髮，白口詛咒犯禁——解散

一解除所犯望空發咒，斷香咒怨——解散

一解除所犯升斗秤尺，殺生害命為災——解散

一解除所犯神祠之下立纂咒人返為災禍——解散

一解除所犯家宅之內，蟲蛇出現，鼠聲作亂，咬破什物——解散

一解除所犯家居六神不安，怨天恨地，冬寒夏熱，罵詈咒怨——解散

一解除所犯前生今世，九玄七祖，五服六親，埋生庚於神壇社廟，積罪業於天闕真司，訴咒誓於佛地洞天，受執對於城隍司府，六蠹之下，金甲咒詛之前，千愆萬過，三十六解盡行——解散

每句以「解散」二字結束，叩拜者也跟念「解散」，意喻過結已解。以紫紅色咒符封住：

紫紅色咒符之後，再有如下文字：

右牒專委

上清北帝地司都天太歲殷元帥會同斗中百解顯張二使者所覆

遵依解結事理上請

天官解天厄，地官解地厄，水官解水厄，五帝解五方厄，四聖解四時厄，南宸解本命厄，北斗解一切厄；千愆萬穢，盡行解散；

俯為劉枝元家名下赦愆宥過，咸與維新，福祉增崇，災衰洗蕩，冤憎化散，百福來崇，門庭愆慶，萬事如心；上有好生之德，下副懇切之心，一如元發，風火無停。謹牒

天運某某年某某月某某日奉行科事臣某某承符奉行

祖師薩翁真人係庭華蓋掌解冤釋結仙官作證

右牒。雲南巍山

還要念《解冤經》，經文為：

解結解結解冤結，解了千百冤債孽。

冤家債主兩相忘，相逢相遇皆歡悅。

黍米珠，黃金闕，

天尊金口親演說，一國澄清樂太平。

永無疾妒貪嗔癡，解散冤家盡消滅。

　　然後，幾位幫忙的齋奶，在正壇前添設一香案，擺五供養，一盆水，將布條裹著一串銅錢結成一股辮子的「順心結」掛在案前的房柱上。亡人去世滿三年用孝（白布），家道不順、人有病用青布。布條結 12 個疙瘩，代表一年 12 個月，閏年結 13 個疙瘩。旁邊柱上貼了一張「翻解冤結」馬子，先生稱之為「消災延壽解釋消災方」。他們告訴我，這個馬子經常用，老人「回」（去世）了，做五七（去世 35 天），脫孝，要燒；上房、謝土、上墳，因為「土重」了，也要祭獻焚燒。

　　參祭者每人手中持香一柱，由一位齋奶搖法鈴在前引領眾人繞主壇走八卦，向眾神行禮。每轉一圈，即讓家中一人解開一結「順心結」，並解下一枚銅錢，於案前燒掉消災方（即「翻解冤結」馬子），連同銅錢一併投入水中，儀式一直要轉到每個人手中的消災方都焚掉為止。然後，所有人每人喝一口盆

裏的水，齋奶將水中的銅錢撈出，從銅錢入水後陰陽兩面所佔比例，看卦象是陽旺還是陰旺。銅錢正面為陽，背面為陰，陽多則吉，陰多不好，陰陽對半為平卦。當日卦象為平卦，意為平平穩穩，平衡和諧最好。

齋奶搖法鈴在前引領眾人繞主壇走八卦。雲南巍山，2001，倪黎祥攝

柱上的「順心結」「翻解冤結」馬子。雲南巍山，2001，鄧啟耀攝

「翻解冤結」馬子。雲南巍山　　「解冤」馬子。雲南巍山　　「解冤經」。雲南巍山

　　「還壽生帳」：接下來的儀式是「還壽生帳」，也就是為劉家兩位「老人」——劉枝元夫婦祝壽。關於做「壽生」或「還壽生帳」，筆者曾採訪過巍山巍寶山長春洞的肖遙道長：

　　　　筆者：我看您上表之前有個八卦符。

　　　　道長：上表的話是道經三寶大義。

　　　　筆者：還有一張貼著八卦圖的表。

道長：是代表呈敬哪個地方上什麼表。像上稟天宮玉皇大帝，太清宮太上老君，就是呈敬書文，你要到哪點，就呈到哪點。現在用的是公表了，以前人們還是有一個寫表的模式。各種各樣的表是現寫。施法的時候要用壽生書，張天師派系還有茅山派系講究貼冠施事，超渡亡靈，徐景陽徐天師派系講究生魂練度，就是人活著的時候來做這個法術。〔註35〕

筆者也採訪過巍山巍寶山鄉的一位張姓民間道人：

筆者：請問有沒有六十是關口，不要慶賀這樣的說法？

張：沒有這種說法。六十大壽、八十大壽，一般都會做壽，我們叫做壽生。

筆者：怎麼做？

張：用紙做個小房子，裏面裝金銀。在底下（冥府）銀行存錢。以後不在（去世）了，就可以去陰間取錢。

筆者：壽生書是不是他們說的，活著的時候做儀式，把錢存在地下，等人去世後就到那裏取。

張：他們這種說法在全真派系來說的話就是壽生書了嘛，壽生書跟超渡不一樣。是活的人做的。比如說人一生下的時候就虧欠天地父母，通過壽生書的方式來還。超渡是為死亡的人超渡他的亡靈。壽生書是一個書表格式，超渡又是一個格式，內容完全不一樣。現在人們都是一個空表。寫三清表，三官表。

筆者：我以前看到過，有些做壽生的紙房子門口，還貼些明星照片。

張（笑）：那也是還壽生。這個人活的時候追星，存起（明星）等死後去討（娶）。〔註36〕

其實，劉枝元當年不過47歲，其妻44，都正當年富力強，要算年齡根本算不上老。但由於他們有了孫子，從父母輩榮升爺爺奶奶輩，輩份高了，值得慶賀。所謂「祝壽」，其實也是一個親長晉升儀式。再說，劉枝元明年48歲，

〔註35〕訪談：鄧啟耀，訪談對象：肖遙，訪談時間地點：2012年2月17日巍山彝族回族自治縣巍寶山長春洞。

〔註36〕訪談：鄧啟耀，訪談對象：張應忠，訪談時間地點：2012年2月16日巍山彝族回族自治縣巍寶山鄉洗澡堂村。

屬於本命年，諸事需要小心，在中國民間信仰中，以十二生肖屬相確定的本命年是一個關口，要特別小心。俗話說：「本命年犯太歲，太歲當頭坐，無喜必有禍。」到本命年時，把「當生本命星君」這個馬子貼在升斗上，供奉在正堂，祭獻後和貼在側房的「翻解冤結」馬子一起焚化。本命年宜穿紅，至少也要偷偷穿條紅褲衩或在腰上繫一條紅線。

　　劉枝元現在通過儀式提前打點一下各方神聖，沖一沖喜，破一破穢，算是在靈界或冥界買份保險。

　　正壇供桌上添擺壽麵、壽酒、茶葉、鹽巴（鹽，諧音圓，取意圓滿）、紅布（結成紅花，敬給斗父斗母）。兩位老人坐在正壇東側，臂上綁紅花、柏枝（取潔淨意，有時也用萬年青），各位道人輪流敬福、祿、壽、財、喜酒，同時說吉言：福壽雙全、祿位高升、壽比南山、財發萬金、喜兆三源等；兒子兒媳為兩位老人磕頭祝壽獻禮，老人回禮；女兒女婿為二老磕頭祝壽獻禮，老人回禮；親戚敬壽酒，二老回禮；孫輩磕頭敬酒，二老給紅包。

兒子、兒媳和孫子給二老磕頭，敬酒。雲南巍山，2001，鄧啟耀攝

　　祭庫：說來當真，接下來的「祭庫」儀式，還真是為劉枝元在冥界買「保險」做的法事。

　　祝壽完畢，先生們繼續進行祭庫儀式。捉來一隻齋食餵養三日的公雞，執事先生抓舉在左手，右手憑空畫符，並吟念咒語，含酒噴雞，然後猛將雞冠掐破，用毛筆蘸雞血，點畫紙房、寶箱、飯菜等祭品，此即稱為點庫，只有經過這一過程，這些什物才能開光，貫通陰陽，順利抵達陰間。點過之後，即抬出

燒掉。先生告訴我，陽間用給陰間的東西，專業的說法不叫「燒」，而稱「賷」
（音 she）。

　　道人在正壇前念《祭庫科》，奏樂，劉家二位主人三進香、三叩首，酬謝
本命星君及各路神仙，祈求延生長壽。先生念陰陽牒，通俗來解釋，就是陰間
與陽間的存款合同，活著的時候就存錢到陰間，留到死後花。將陰陽牒從中間
裁開，一份燒掉送到陰間，一份放在陽間，等死後燒掉另一半，兩份合攏，在
陰間就可以花消了。

　　薦亡：劉枝元夫婦榮升「祖」輩，劉枝元的父母順理成章成為更高一級的
「祖」。飲水思源，所以，對活者的祈壽與對逝者的祭奠需要同時進行。

　　百客壇前擺滿準備燒給陰間先人的紙房、紙寶箱，並在旁邊設了兩桌酒
席，虛席以待。酒席六菜一飯，一茶，一酒。菜皆雞、魚、豬、肝等葷菜，17
副碗筷，每副碗筷下壓一張槓神馬子（齋奶叫它們為「槓夫」或「槓夫力士」），
一雙紙剪的鞋，一個黃紙做的挎包，內裝紙錢、糕點等。據先生講，宴席是給
槓神準備的，要靠他們扛這些東西送到陰間親人那裏，鞋也是孝敬他們的，路
途遙遠很是辛苦。他們的任務是將 4 個金倉、4 個銀斗、4 箱食物和衣被挑到
豐都陰司送給已故的先人。紙符方面，主司冥藉的城隍以及「往生淨土神咒」
等需要配齊。還要準備大量金方銀方。金方銀方是冥界使用的金錢，在紙上印
一方金箔，有的套印福祿壽等文字圖樣。考慮到地府衙門難纏，另有 4 封文書
和 4 箱禮物需要呈進：《地府掌甲午宮本命星君呈進》和《地府掌丁酉宮本命
星君呈進》各二，配加封；禮物不外金銀財寶之類，均由「萬神雷司」封印，
以求萬無一失。這當然是老百姓按照和官府打交道的認知和習慣移植到靈界
的儀式化行為。

城隍。雲南巍山。

往生淨土神咒。雲南巍山

執事先生抓雞，當空畫符、念咒並含酒噴雞。雲南巍山，2001，鄧啟耀攝

執事先生用毛筆蘸雞冠血，為紙房、寶箱、飯菜等祭品「點庫」。雲南巍山，2001，鄧啟耀攝

在院裏焚化為先人準備的紙房、寶箱、飯菜等祭品和檳神馬子。雲南巍山，2001，鄧啟耀攝

　　起五老、謝師真：儀式大體作完。在樓下師壇前感謝祖師；上樓，主壇前畫符，送各路神仙。繞壇走八卦，大家都可跟行，先生即興唱念，向神仙說吉

言，並祝大家事事如意。最後一輪跳神，大家一起參加，眾人歡樂才能取悅神仙，繞壇跑跳，場面極其熱鬧。事畢，熄滅各壇香燭，眾神牌位收下，連同表文，一同焚掉，主壇散壇。

　　送祖：將先人牌位等抬到家門口，家人跪拜，連同紙錢、紙衣褲等一併焚燒，將先人亡魂送走。

齋奶們在院門外的水溝邊燒香、焚化馬子、紙錢和冥衣等物。雲南巍山，2001，鄧啟耀攝

　　謝土：略（參見第六章中「匠神」部分的田野考察實錄）

　　劉家由於建蓋了房屋，動了土；要為死者、老者和初生孩兒做「謝大土」、「還壽生帳」、「延生」、「薦亡」、「踩門」等儀式，所以驚動和招引的各種鬼神比較多，其間難免會夾雜許多應時而來的凶煞邪靈、孤魂野鬼。所以，這次做法事，必須考慮到方方面面情況，對善神必須恭恭敬敬，對惡靈也馬虎不得，都得安撫，切勿疏忽大意而引致病痛和災禍。

　　從巍山民間流傳和劉家這次使用的符像馬子看，此類凶煞邪靈數量眾多，有道教系統裏的陰界冥神，也有民間信仰中的本土鬼靈。它們特性不一，作祟

的方式也各不相同，祭祀起來也比較複雜。如羊希王、黑煞三老總爺、掌兵太子、白鶩太子、阿（女舌，音 pi）之神、水汗之神、都司王相公、瘟司聖眾、消神（或寫作「梟神」）、哭神、夜遊神或迷神、眾神等。對這些馬子要專門「起盤子」，也就是拿一個簸箕，裝黃錢 36 份、白錢 17 份，裝白錢的包封 3 張、經方 3 張，在法事結束後和各種馬子一起端出院門燒化。

「起盤子」中備用紙馬和祭品。雲南巍山，2001，鄧啟耀攝

值年太歲。雲南巍山

四方大帝、五方土或四方土龍神。雲南巍山

山神土地。雲南巍山　　　土神。雲南巍山　　　眾神。雲南巍山

白虎。雲南巍山　　　五路刀兵。雲南巍山　　　瘟司聖眾。雲南巍山

青山老祖。雲南巍山　　　樹木之神。雲南巍山　　　木神。雲南巍山

火龍太子。雲南巍山　　　水火二神。雲南巍山　　　消神（梟神、囂神）。雲
　　　　　　　　　　　　　　　　　　　　　　　南巍山

哭神。雲南巍山　　　　夜油（遊）神。雲南巍山　　　　迷神。雲南巍山

另外，其他相關馬子，如天地三界、月光、喜神、財神、招財童子、利市仙官、龍君等正神，禮多不怪，常祀無妨。縣官不如現管，那些地方性保護神和直接關係到「家」的，也萬萬不能漏，如本境地主、城隍、打獵將軍、水草廄神、門神、家神土地、張魯先師等。

張魯先師（匠神）眾神。雲　　本境地主。雲南巍山　　　打獵將軍。雲南巍山
南巍山

獨腳五郎。雲南巍山　　　　　門神。雲南巍山

阿（女舌，音 pi）之神。雲
南巍山

田公地母。雲南巍山

水草廠神。雲南巍山

癩龍之神。雲南巍山

都司王相公。雲南巍山

羊璽王。雲南巍山

黑煞三郎。雲南巍山

掌兵太子。雲南巍山

白鶯太子。雲南巍山

水汗（音 gan）之神。雲南
巍山

密指三姐。雲南巍山

蝗蟲。雲南巍山

　　謝土儀式所用雕版木刻紙印符像馬子裝了滿滿一簸箕，加上在其他地方和儀式過程中使用的，真可算是琳琅滿目。

　　先生以雞冠碰正房前兩根廊柱，碰雲盤，碰九宮八卦燈所在，又回到雲盤前畫符，一邊畫符，一邊急令助手點著火把，將雲盤送出門去。送雲盤的人必須按推算的西邊方位走，在無人處焚燒。雲盤一出，院門隨即鎖畢，先生急急對門畫符，在出去的人回來之前，不准院中人離開。這樣做是因法式剛畢，怕外面的凶邪之氣入侵，氣氛一下子緊張起來，滿院人都沉默下來。直到去者返回，才鬆了一口氣。

　　此時，0 點已過，儀式在按計劃在子時進行，橫跨兩天，圓滿結束。

道人捉公雞畫符、掐冠，點血到鎮宅符及馬子上。雲南巍山，2001，鄧啟耀攝

　　第四天

　　一大早，我們來到劉家，巷底的劉家大院門口照例有一些先生和齋奶在忙。我們照往常一樣正要進門，被先生們連忙擋在外面，並請我們退出巷口線外，到巷口劉枝元兄弟家小坐。這時我們才注意到巷口用石灰新畫了三條橫線。三條線乃是一個乾卦圖案，按規矩，每家作完法事，就要做這個標誌在家門外，有時也會插旗子，或著放板凳在門口，上貼紙錢，不准外人進入，以免

帶入污穢邪氣。一般男忌三天，女忌七天。因為做法事的普遍，村里人對此都知曉。

畫在巷口的謝客符號。雲南巍山，2001，鄧啟耀攝

在這段和外人隔絕的時間內，為了安排好意外來到的客人，劉家這幾天主要在巷口兄弟家開火做飯，接待遠親近鄰。我們在巷口觀看了劉家最後一個儀式：開財門。道人和齋奶將香案擺在院門口，向財神進表、焚表，劉家人於前跪拜，貼招財符馬子在院門上，祈祝劉家生意興隆，財源廣進。然後謝神，送神，儀式即畢。

五、喪禮與奠亡

死亡，是個體生命的結束，人生歷程的終點。人死之後到哪裏去？是人類共同的疑問。在許多民族的傳統觀念中，死亡，不過是肉體的消亡，靈魂仍以另一種方式存在著，在另一世界（天堂、仙界、西方樂園或陰司地獄）「生活」著。於是，不同文化背景和信仰的人，對死者歸宿的想像，導致不同方式的葬禮。

　　信仰道教的，憧憬之地是「仙界」；信仰道教的，認為最好的歸宿是「西方淨土」；在不同族群的民間信仰中，亡靈回歸的是「祖地」。至於其他宗教所指的「天堂」等，因不涉及本書討論的民俗雕版木刻紙（布）符，在此不論。當然，大家心照不宣的，還有一個去處，那就是恐怖的陰間或地獄。只有一點是共同的，就是亡靈無論去哪裏，都需要指引，需要介紹信並備足盤纏和打點關係的禮金。為此，舉行喪葬儀式，祭獻祭品和紙符，便成了人與靈、此界與彼界交往的約定方式。人們在葬禮中把獻給亡靈和諸神的紙錢、冥衣、用具等用火焚化，讓風吹走或由河水帶走。《唐書‧王璵傳》：「漢以來葬喪皆有瘞錢，後世里俗稍以紙寓錢為鬼事。」〔註37〕

　　葬禮所用紙符，主要有殺神或煞神、喪車神煞、秧煞之神、喪門、弔客、五鬼、七寶、白虎神君、瘟神、當年太歲等；送靈時，則會用往生、接引等紙符。人死一百天，脫孝的時候燒百天包封。包封上繪白鶴，填上日子，裝一份三張白錢焚化。

奠亡的黃聯覆蓋了過年的紅聯，招財利市的紙馬依然存在。雲南大理，2000，鄧啟耀攝

〔註37〕（宋）歐陽修撰《新唐書》卷一百九列傳第三十四（宋祁撰），見《二十五史》
　　　　第六卷，上海古籍出版社、上海書店 1986 年版，第 419 頁。

七月半燒紙奠亡。廣州番禺石樓鎮，2020，范炳堯攝

弔客

弔客。雲南騰沖

喪門

　　「喪門」「喪車大神」和「喪門弔客」均是喪禮中保護靈柩的神靈。它們的任務是驅趕送葬過程中遊魂野鬼來干擾亡靈。靈柩抬出去時，用「喪門」「喪車大神」或「喪門弔客」紙符劃水碗，然後焚燒紙符。「喪門」和「喪門弔客」紙符也是葬禮民俗的一個直觀描繪：除了棺木、靈車、祭幡、亡牌，還有紙紮人偶和置於棺材上掃壙用的公雞。

喪門。雲南騰沖　　　　喪（門）。雲南騰沖

喪門弔客

喪門弔客。雲南大理　　喪門弔客。雲南保山

喪車大神

喪車大神。雲南騰沖

陰神

陰神。雲南大理

陰兵

陰兵。雲南大理

起棺馬子

起動棺木時用，上書：「起得龍翻身，起得魂付（附）體」。

起棺馬子。雲南曲靖〔註38〕

七寶

「七寶」指金、銀、琉璃、瑪瑙、珍珠、水晶。琥珀等隨葬品，但一般老百姓不可能隨葬這些貴重的東西，只能以紙符做象徵性替代。待棺木落土前，先在墓坑裏用公雞掃壙，然後焚燒紙錢元寶，再把「七寶」紙符焚化，最後蓋土。

另據雲南騰沖賣紙馬的老人說，「七寶」比「歹」（蠱）還厲害。家堂裏供起，像狗一樣，外人進門，家裏的鐵器寶物之類東西不能動，摸了，動了，它會擋住腳。「我舅爹家供七寶，他家的磨被人借用，借用的老婆娘眼睛被咬疼；如果不還，還會咬死人呢！」〔註39〕

〔註38〕 本圖採自趙寅松、楊郁生主編：《中國木版年畫集成·雲南甲馬卷》（集成總主編馮驥才），中華書局 2007 年版，第 279 頁。
〔註39〕 訪談者：鄧啟耀，被訪談者：寸守尊，訪談地點：雲南騰沖縣和順鄉 11 社紙馬店，時間：2001 年 2 月。

七寶。雲南騰沖　　　　　　七寶。雲南騰沖

冷壇七寶

冷壇七寶。雲南保山　　　冷壇七寶。雲南保山　　　冷壇。雲南保山

冷壇靈官

冷壇靈官。未詳

土府轉座

土府轉座。雲南巍山〔註40〕

落地殺

落地殺（煞？）。雲南瑞麗〔註41〕

〔註40〕本圖採自趙寅松、楊郁生主編：《中國木版年畫集成・雲南甲馬卷》（集成總主編馮驥才），中華書局 2007 年版，第 283 頁。
〔註41〕本圖採自趙寅松、楊郁生主編：《中國木版年畫集成・雲南甲馬卷》（集成總主編馮驥才），中華書局 2007 年版，第 286 頁。

賑濟

賑濟。未詳

解冤經

老人「回」（去世）了，做五七（去世 35 天），脫孝，要燒；上房、謝土、上墳，因為「土重」了，也要祭獻焚燒。經文為：「解結解結解冤結，解了千百冤債孽。冤家債主兩相忘，相逢相遇皆歡悅。黍米珠，黃金闕，天尊金口親演說，一國澄清樂太平。永無疾妒貪嗔癡，解散冤家盡消滅。」

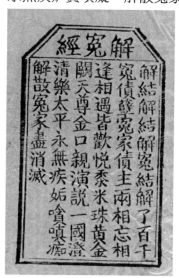

解冤經。雲南巍山

殺神

又寫作「煞神」。一鳥頭鳥身，一人頭鳥身，均雙手交舉如刀劍。本是凶

星，械鬥或征戰必祀。又傳說人死之後，會在一定時間裏「回煞」，這時亡魂以及押送亡魂回煞的煞神可能會傷及無辜。所以民間又有「避煞」的習俗。至於煞神為什麼會是鳥形或雞形，有人把緣由追溯到佛經中的「陰摩羅鬼」：宋人廉布《清尊記》曾記「一物如鶴，色蒼黑，目炯炯如燈，振翅大呼甚厲。」此物在有人厝棺之後數日出現，有僧云：「藏經有之：此新死屍氣所變，號陰摩羅鬼。」〔註42〕家裏有人去世，需要找「先生」瞧，擇好日子，請道士「先生」來做法事。道士祭獻喪神，拿刀驅趕邪靈，為亡靈消除孽障。

殺神。雲南保

殺神。雲南大理山

殺神。雲南德宏

雌雄煞神

　　雌雄煞神從圖像看，應是「殺神」的翻版。而雌雄二煞兩個均為鳥形，中有鎖鏈。

雌雄煞神。雲南保山

雌雄二煞。雲南大理

〔註42〕樂保群：《雲南神馬中的煞神研究》，載馮驥才主編《年畫》第 33 頁，2003 年
　　　　秋季號，北京：中國戲劇出版社，3013。

喪車神煞，秧煞之神

喪車神煞、秧煞之神或喪煞之神、五方五煞都是鳥形，頭上有冠，更似雞。

喪車神煞，秧煞之神。　　車神煞，秧煞之神。雲　　喪　喪煞之神，五方
雲南大理　　　　　　　　南大理　　　　　　　　五煞。雲南大理

披麻神煞位

披麻神煞位。雲南大理

凶神惡殺（煞）

凶神惡殺（煞）。雲南玉溪〔註43〕

〔註43〕本圖採自趙寅松、楊郁生主編：《中國木版年畫集成·雲南甲馬卷》（集成總主
編馮驥才），中華書局 2007 年版，第 286 頁。

田野考察實錄：雲南巍山葬禮

在雲南巍山彝族回族自治縣古鎮十字街口鍾鼓樓，以及群力門、南街和北街的牆上，經常會貼有一些毛筆手書的訃告，通知死者親友依時弔唁。在巍山做田野考察，很容易就會遇到葬禮。巍山鄉村的喪葬儀式，我們參加過兩次，一次是 2001 年暑假，我帶學生來實習，參加過幾次葬禮；一次是 2011 年 2 月，我參加一位中年婦女的葬禮。下面，以最近的一次為主，將幾次葬禮共有儀式過程簡述如下：

2011 年 2 月 16 日，我到巍寶山鄉洗澡堂村做田野考察。一些身穿彝族服裝的中老年婦女，見我背著攝相機和照相機，就要我為她們拍一些打歌的鏡頭。她們帶我到磚孔橋拍打歌，再到橋頭的封川廟換景拍。領舞笛手是本村民間道人張應忠。舞畢，幾人爭唱山歌，唱了「趕馬調」「送郎調」等。她們說，封川廟很早以前就有了，供奉送子觀音、孔子和呂祖，文革被毀，前幾年村民集資十幾萬重建。舞畢，眾人手上不知何時多了一些紙花，問起來，說是送舞蹈隊隊友張豔，她得了胃癌，昨天剛剛去世，才 44 歲。大家先在這裡紮花圈，一會要去弔唁。

寺廟清淨，空地方多，她們在樹蔭下紮花圈，我則和道人張先生閒聊，瞭解村裏一年要做什麼會。聊了一會，張先生要去取葬禮用品，我也起身回村，抽空找村民做些訪談。在村外，我看到一些人正在殺豬，過去詢問，知道正是死者丈夫的哥哥家，在這裡為葬禮宴席準備食品。聊起來，他們告訴我，好幾個村民都是得胃癌年輕輕去世的。我問是不是跟這個地方的水土有什麼關係，他們先說是用石磨磨麵，石漿都磨到麵裏了（意思是吃了些石漿）；後來又說喝酒喝重了，一天喝七八兩。我問這位去世的中年人辦喪事跟老人一不一樣？他們回答：一般活到六十歲滿一個甲子，有兒有女的，最好。高壽而死，當地人稱其為「喜喪」。如果有六十歲了，要是自殺，也不行，不能變成魂，只能變成鬼。現在弟媳雖然沒到六十歲，沒有孫子也有兒子了嘛，算是老人了。落氣（斷氣）時有兒女接氣，所以也要按老人過世的禮，請道士念洞經超渡，請五十桌客。

我在他家聊了一會，徵求他們意見能否去看看，他們同意，我按規矩掛了名（交 100 元），許可進入喪家考察葬禮。

我隨他們一起回村，前往死者家，這才發現，喪家就在進新房那家下面。全村人差不多都分攤在這兩家人了，一紅一白，都要迎客。我剛到不久，舞蹈

隊的眾姐妹也到了。她們在門前先放鞭炮，然後抬著剛剛紮好的花圈進入，在正房前走廊欄杆上放好花圈，掛上大家湊份子買的毛毯，然後依次進客廳致禮。棺木就停在正房堂屋（客廳）中間，死者的丈夫和兩個幼小的孩子，茫然無措地在棺前守靈。眾姐妹在棺前致禮後，坐在地上邊唱邊哭。

院子裏擠滿了人，除了來弔唁的，就是幫助置辦喪事的「請幫」親友。他們忙忙碌碌，有的在擺桌子椅子，有的在殺豬洗菜做飯，有的在角落折疊紙錢，準備香燭祭品。而置辦壽衣、香燭、紙紮、元寶、紙馬、表文、麻紙，請仵工幫亡者擦身、穿衣，請「先生」或長老主持葬禮儀式，談演洞經，找人書寫訃告、挽幛，到刻碑店刻墓碑，聯繫墳場，準備墓地，採購食物，張羅喪宴等諸多事務，也都由「請幫」親友分攤了。這種幫忙幾乎是義務性質的，事主只需在事情結束後象徵性地給一個紅包作為答謝便可。當然，從此事主便欠下了前來幫忙的親友的一份「人情債」，日後當這些親友家中發生紅白事時，他們都有權利要求事主前往幫忙，這是事主所義不容辭的。假如事主沒有任何正當的理由而拒絕履行這一義務，他將很快被其親友疏遠，同時，民間輿論將普遍視之為違反承諾，忘恩負義，不近人情的小人——這種人通常是遭受大家白眼與鄙視的。以後他有事，也不會有人去幫。

「請幫」是一種普遍存在於民間的親友間互助關係。它的直接目的是解決民間複雜儀式的人手不足問題，保證傳統儀式的正常進行。請幫的維持與延續表面上是親友間的相互親近與信賴，實質它是建立在一種非正式隱性契約的基礎之上，成員之間構成相互依賴的關係鏈條，違反契約的後果，便是信任鏈條的斷裂，親友情的維繫可能隨之出現危機。它與交換禮物的社會原理源出一轍，是建立在社會關係網之上的某種互惠形式。

晚飯時，進新房的人家來叫，我只好陪道長去參加喜宴。應該是老村長的面子大，參加喜宴的人很多，輪班上桌。我匆忙吃完，趁他們還在喝茶聊天，趕去喪家繼續考察。

喪家親友也吃過晚飯，院子裏的餐桌已經撤去，換成祭壇（靈棚）。祭壇前，是喪家請來為死者超渡（當地彝族叫做「功齋」）「談洞經」的「先生」，約十人，七男三女，在院子中間設壇祭奠亡靈，敲鑼打鼓吹嗩吶拉二胡。他們的報酬是每場 1000 元，人不能低於六人。辛苦一晚，每人可分得 100 元左右。

　　之前拍攝打歌領舞笛手、本村民間道人張應忠看我拍攝，大冷天忙得冒汗，同情地說：「洞經你拍來拍去就是這些了，腔調都一樣。」我停了機，向他請教「洞經」和葬禮裏用馬子（紙馬）的問題：

　　　　筆者：他們唱什麼？

　　　　張：唱救苦洞經，超濟她一下。

　　　　筆者：有經書嗎？

　　　　張：有，照著念，背不起。（他拿過一本經書，翻開「救苦偈」念道）：

　　　　救苦天尊妙難求，身披霞衣累劫修。

　　　　五色蓬花生足下，九頭獅子道前遊。

　　　　瓶中甘露時上灑，手內楊柳不計秋。

　　　　千處有求千處應，奈何橋下度人舟。

　　　　筆者：經書是買的還是自己抄的？

　　　　張：自己抄的，以前還是有板子印的那種。才有十七八歲的時候，我父親就領著去做了。

　　　　筆者：您今年幾歲了？

　　　　張：38了。我家爺開始就弄這些，我們是祖傳。那些光緒時候（印紙馬紙符）的板子，他們一代傳一代用到現在。

　　　　筆者：今天用馬子嗎？

　　　　張：馬子今天要用。我們這邊的喪事很多老的風俗都還保持著，特別是送葬出去的時候。

　　　　筆者：他們送葬的時候用的是什麼馬子您知道嗎？

　　　　張：他們談洞經的知道，要用好些的。有專門的馬子，一套一套的，比如謝陰土（下葬用）馬子、上墳馬子等等。[註44]

末了，他告訴我，明天出殯隊伍更壯大，更熱鬧。

洞經先生們還在循環往復地演奏救苦洞經，他們要一直唱到夜裏零點。然後就地休息一下，凌晨五點整整早飯吃吃就走了。

〔註44〕訪談：鄧啟耀，訪談對象：張應忠，訪談時間地點：2012年2月16日巍山彝族回族自治縣巍寶山鄉洗澡堂村。

喪禮現場。雲南巍山，2001，鄧啟耀攝　　送葬的洞經先生。雲南巍山，2001，項目組攝

　　巍山民間辦喪事一般頭尾三天，到第三年辦過「滿三年」，服喪期才結束，整個喪葬儀禮長達三年之久。其葬俗保留很多古制，具有古老性、儀式性較強的特點。就儀禮的程序而言大致包括以下四個階段：

　　1. 初喪儀禮：送終—接氣—沐浴—衣殮—換床正寢—卜期—告喪—棺殮—守護靈柩

　　送終：在喪葬的整個過程中，送終可說最乏儀式性但卻至關重要。死者的親人（一般指子女、兒媳、孫子、兄弟姐妹、侄兒等）必須齊集身邊，伴其度過在人世間的最後時刻。如果該見的人未能見到，死者會死不瞑目，生者亦會抱恨終身。

　　接氣：準備好五寶（鹽、糖、茶、米、銀），在死者落氣後，由兒子放到死者嘴裏，再放一串用紅線串錢的含口錢，男的放九枚，女的放七枚，兒女分別向死者嘴裏吹一口氣（有的地方吹到五寶碗裏）。巍山彝族很看重接氣，他們認為，即使七八十歲有兒有女，但死的時候兒女不在身邊，或者自殺了，沒接到氣，也成不了魂。就要開「草弔」，即用草紮成人，重新「出煞」、接氣。草弔開了以後獻過城隍，就同樣是魂了。

　　我的彝族朋友解釋：「我們這邊有這個習俗，老人死的時候沒有人，子女沒有見到，進不去城隍，要開了草弔才行。我家隔壁有一家子孫滿堂，老父親從老家到大理她大女兒家。那天，大女兒一家都在屋裏講話，沒注意。老父親腳踩踏幾下就死了，小孩發現的時候已經硬了。他們幫他做了一個法事，幫他叫魂，重新接氣，出煞，接到氣以後，打一碗水丟出去。死人跟生娃娃一樣，要一樣快，晚了嘴巴就扳不開了。」〔註45〕

〔註45〕訪談：鄧啟耀，訪談對象：阿赫，訪談時間地點：2012年2月19日巍山彝族回族自治縣紫金鄉泥利午村。

　　沐浴：為死者易衣的小殮在巍山與別處並無多少不同。換衣要在人彌留之際。當地人認為，人未換衣服就咽氣，等於光著身子走，是兒女的不孝。換衣前先要用溫水為其擦洗全身。

　　衣殮：壽衣均用棉布做成，至少要有內衣、中衣、外衣三套，一般準備四套，即多一套外衣，多則不限，視經濟條件而定。壽衣多由做女兒的在老人六十歲以後親手置辦，時間必須選在閏月。如果死者未滿六十歲，孩子還小，則可在壽衣店購買。

　　換床正寢：老人咽氣後將其移至椅上端坐數分鐘，然後設板床為靈床，扶上正寢，用紅色棉布蓋住全身，等待棺殮。

　　為亡者沐浴、衣殮和換床儀式具有與過去割斷聯繫的象徵意義：沐浴的目的是不把今世的污穢帶到來世；亡者只有換上壽衣才算是穿上了衣服，否則便是光著身子走的。因為亡者的身份特殊，同樣的東西具有了不同的意義因而有了很多禁忌，壽衣衣料忌用緞子，忌釘鈕扣，因為它們分別與「斷子」和「扭子」諧音。

　　卜期：入棺時間由算命先生根據死者生辰八字和死亡時辰，算好入棺、出殯和入土時間並商議辦喪事的規模。

　　告喪：報喪在農村與縣城有所不同。在農村，死者的兒子（剃光頭髮）去村中各戶大門外磕頭告知死訊並告訴對方己家是準備「清香弔」還是「弔孝幛」，這樣可方便別人準備禮品。參加「清香弔」，弔唁者送衣服、鞋子、糖果即可，所送物品不必上禮單。「弔孝幛」則比較講究，要送被面、被單、毛毯等，此次弔唁的舞蹈隊送毛毯，屬於這一類型。弔唁方式的不同，反映不同的親疏關係。

　　在縣城，服喪未出「五七」（約五七三十五天）者，忌諱去別人家，他們以出訃告的形式通知親友。訃告一般 60cm×40cm 大小，黃色紙張（若死者為年輕人或不足 60 歲則用綠色紙張），豎排墨書，有的還用紅色或粉色彩紙鑲邊框，內容主要有三：死者姓名及去世時間、出殯時間及安葬地點、孝子賢孫名單。訃告三張或五張，張貼在古城中心的拱辰樓、鍾鼓樓、群力門、南街和北街等主要交通要道。到了晚上，城裏的熟人都會知道老太駕鶴西去的消息，然後大家就會相伴來到熊家弔唁慰問。

　　另外，無論在農村還是在縣城均有張貼「告條」的習俗，可算是訃告的補充形式。「告條」為一 2 寸寬、1 米半長的白色紙條，貼在喪家大門外左側的

牆上，上面墨書：「近故恩深顯妣×門×××享年××有×痛於二零××辛巳年×月×日×時疾終內寢」。告條格式大同小異，但總字數是有規律的，即以「生老病死」的「生」字從第一個字數起，最後一個字必須落在「生」字上。與告條相對應的是貼在大門右側的一張長方形白紙，墨書：「謹遵慈命節約辦事」。

貼了告條和白紙，鄰居和路人便都知道了此一家正在辦喪事，懂得尊重與迴避，不會在喪家的門口周圍嬉戲玩耍大聲喧嘩。

在洗澡堂村死者丈夫的哥哥家裏，筆者和幾位彝族村民聊起告喪，他們說：

> 村民 A：我們彝族有一個風俗，村子裏面哪個老人不在了，要把不在了的這個人的長者請來，做這臺事情的總負責，分工哪個做飯，哪個買菜，全寫在一個單子上。來幫忙支持的人就聽他的。一家和一家的總理不一樣。

> 村民 B：比如說今天晚上有個老人去世了，不管親不親就去問了。

> 筆者：多大歲數去世的算老？年輕人跟年老人去世有什麼不同？

> 村民 B：五十歲以上就可以了，老的去世好點，算喜事了嘛。

> 村民 A：我們這邊年輕人慘死要披麻戴孝，貼白對聯；老的不在了是貼紅對聯，按照喜事的傳統來辦。

> 村民 B：貼桃紅色對聯。

> 筆者：幾歲才可以貼？

> 村民 B：七十歲以上。

> 村民 A：披麻戴孝還要頂紅，頂上有點紅布，這叫消喪。〔註46〕

棺殮：入棺前先用熔化的松香和香油澆灌棺材的縫隙，依次鋪白色草紙（類似宣紙但較粗糙）和褥子，入棺後不將棺蓋蓋死，以便親友瞻仰遺容。

守靈：子女披麻戴孝在棺旁守護，接受親友弔唁。在家停靈期間每天都做的供飯祭奠儀式，一日兩次或三次，在靈桌上擺好碗筷，供上死者生前喜歡吃的飯菜，並招呼亡者「來吃飯吧」，如同伺候其生前吃飯一樣。

〔註46〕訪談：鄧啟耀，訪談對象：參加葬禮的張姓村民，訪談時間地點：2012 年 2月 16 日巍山彝族回族自治縣巍寶山鄉洗澡堂村死者丈夫的哥哥家。

2. 治喪禮儀：設靈棚—超渡—除北—弔喪—簽點（成主）

設靈棚：靈棚是專為超渡儀式設立的祭壇。靈柩前點「長明燈」，為亡者照亮通往陰間的路。由於靈柩放在狹小的堂屋，裏面已經擠滿了守靈和來來往往弔唁哭靈的人，「洞經先生」做超渡儀式，只能在院子裏。設靈棚即為了在做超渡儀式的時候，使暫時請出的亡靈能夠參與到儀式過程之中。

超渡：超渡儀式在喪葬活動的第二天舉行，被請來超渡亡靈的不是和尚、道士，而是民間的「洞經先生」，老百姓稱其為」先生」。「先生」會念經、做道場、還會談演洞經音樂，在巍山，老人做壽、辦喪事、蓋新房「謝土」、家人「求清吉」等都離不開他們。請先生以十二位最為理想，多則更好，可花費自然也大，但是最少不能少於八個。當地還講究請吹鼓手，充當這種角色的在巍山從來都是彝族。一般家庭請「一班鼓吹」，由4～6人組成，所用樂器有：兩個小嗩吶，兩個大號，一把長筒，一隻螺號以及小鼓、小鑔各一。在我們調查的幾個葬禮中，唯宗旗廠劉家請了十二位，其中四個是吹鼓手。超渡儀式在庭院中舉行，空間小，人又多，顯的很擁擠。儀式從傍晚六、七點鐘開始直至夜間十二點，期間先生要將《救苦洞經》上、中、下三卷念完，還要輔以洞經音樂。在長達五、六個小時的超渡儀式中，孝子、孝女、孫兒輪流執幡跪在救苦天尊像前。彝族吹鼓手不參與念經，只是每隔一會便吹奏幾聲。嘹亮、高亢的嗩吶聲與低沉的長號（2米多長）聲、大筒聲和海螺聲為葬禮增添了幾分悽楚與肅穆。

在巍山彝族中，又把祈福、超渡通稱為「功齋」：

　　筆者：功齋是什麼？

　　村民：一個是求平安，一個給給去世的人超渡。

　　筆者：去世的人分嗎？比如說年紀大的，不成年的，生病死的。

　　村民：不成年的不行。最起碼是五十歲以上的。按順序的。像明天有些有祖宗名單。一般的不正常的死亡不能上這個東西。

　　筆者：前天我們在洗澡堂村碰到一個葬禮，才四十來歲去世。家裏給她做法事。我問起這個問題，他們說不要緊了，她有娃娃了。

　　村民：年紀輕，在外面死掉的，嘴裏面沒有含口錢。我們這點的習俗是在外面死掉的不能拿到家裏面，放在外面，也不能埋到祖墳裏面。

筆者：有些意外死亡的，比如以前困難時期餓死好多人，這種情況要怎麼處理？

村民：像以前，有些還是接著氣了的，裝了含口錢的就可以；有些發現時已經餓死的，就不能埋到祖墳裏。我們這邊年輕人死掉的不能埋到山頭上，最多是埋在河邊。過去這種死亡只能是火葬。抬出去也是裝在棺材裏面，但是拿柴燒掉。他們是孤魂野鬼。

另村村民：在我們那邊，過去是不進大門，必須把後山牆挖開，從後面進。

村民：我們這邊後山牆都不准進。〔註47〕

除北：夜晚12點超渡儀式結束後，孝子身著孝衣頭披戴孝布和「三樑冠」手執「哭喪棒〔註48〕」，孝女也是一身素服，各由兩人攙扶，族中幫忙的年輕人手擎麻杆綁成的火把，端著裝滿供品的簸箕，一路敲鑼打鼓前往村子最北邊舉行「除北」儀式，也就是請求在陰間批給死者土地。至村北，在地上擺好食物（所謂「五生五熟」），焚燒香錢紙火，將供品連盤帶碗均丟棄掉，孝子、孝女磕頭，然後返回村子。途中不允許講話，也不再敲鑼打鼓。過去，回程必須走另一條路，如今按原路返回亦無不可。當晚，孝子、孝女需在靈堂守靈。

弔喪：從第一天起親友便攜帶禮品陸續前來弔喪，簡單的可以送孝鞋、糖果等供品，若是「弔孝幛」，靈堂和院落的兩側則掛滿了親友贈送的孝幛，即一張張紅紅綠綠的絲綢被面、毛毯，上面貼掛著輓聯。在農村，出殯當天還要舉行正式的弔祭活動，儀式漫長而講究。上午，由先生或村中懂此項事宜的人為諸親友撰寫奠文。弔祭活動於中午12點正式開始，若死者為女性則必須由娘家、即「苦主」「開弔」，由婆家「收弔」；若死者為男性，則由主喪「開弔」。活動的主要內容是由主持儀式的人宣讀奠文，親友多的要開十幾弔甚至二十幾弔，所以活動往往要持續三、四個小時。奠文用毛筆寫在黃色或白色紙張上，豎排，內容因弔祭人身份不同而不同。

簽點（成主）：簽點就是用兒子的血點在父親或母親的神主、即靈牌神位上，這是整個葬禮活動中至關重要的一個環節，其含義有兩個：一是以血報恩，

〔註47〕 訪談：鄧啟耀，訪談對象：阿赫，訪談時間地點：2012年2月19日巍山彝族回族自治縣紫金鄉泥利午村。

〔註48〕 「三樑冠」：孝子戴的一種帽子，過去用竹筍葉做成，上貼白色剪紙圖案，現在則用白色的硬紙板做成，上綴棉花。「哭喪棒」：用新砍來的青竹子做成，2尺8寸長，用白紙條從上到下纏繞。

二是接受簽點者為家業繼承人。儀式中簽點官（又稱「大賓」）身份特殊，需是一位家庭美滿、有一定社會地位的人物，喪家希望經簽點後子孫能夠順遂發達。神主牌在閭木店（棺木店）可買到，木製，分兩層稱內函外函（當地稱蓋與底），先請先生填寫好內容，但有些字的某個筆劃必須空下留待簽點官補寫。以女性為例。外函寫：「新中國公民鄉評慈淑享年××××老孺人××神主」，也可寫為：「旌褒揚鄉評慈淑和惠享年×××××府君德配×孺人神主」，此所謂「外神、外主」，其中「神主」二字均缺最後一筆。外函內中間豎寫「心、肝、脾、肺、腎」或「木、土、金、火、水」，右邊和左邊分別寫著亡者出生與死亡的時間。內函中間寫，「深恩顯妣×老孺人××神主」，此所謂「內神、內主」，右邊寫孝子名字，此外「神主」二字仍均缺最後一筆，內函背面寫「後裕」二字（「後」字少一捺）。將兩函合在一起，左側寫「孔」字（少一提），右側寫「竅」字（少一點），頂和底分別畫一個○、一個□。

　　簽點儀式程序複雜，執事（也稱「喊禮官」）高聲報出各項事宜的名稱並配合一套套吉利的祝辭。活動按先後順序為：主喪（娘家）靈前祭奠，三進香並行三鞠躬禮；孝子在靈前行四叩首禮，初敬香、二奠茶、三奠酒、四獻果品，如此返復三次；主喪、孝子、執事至大門外，孝子跪地向街坊鄰里叩首，主喪作揖，執事代眾人作揖還禮；孝子跪地執壺請大賓，初敬酒「敬天天長久」，二敬酒「敬地地顯靈」，三進酒「敬人人長壽」；大賓賜孝子福祿壽財喜酒，「賜福酒，福星高照，福如東海；賜祿酒，路路皆通，祿位高升；賜壽酒，身體健康，壽比南山；賜財喜酒，財源茂盛，喜事盈門」；孝子匍匐，左手撐地，右手從左腋下伸出，由主喪用針刺破其中指，用毛筆舔血在神主上簽點。執事：「請賓開竅，簽點內神、內主。」（點官開啟神主牌，點神點主，即補寫「神主」二字最後一筆。）「請君侍配，配合陰陽。請簽外神、外主。」（點官合攏二函，點神主。）「請提左孔」。點官接道：「讀孔孟之書」（點官點「孔」字的「提」），執事：「點右竅」「竅竅皆通」（點官點「竅」字的「點」），執事：「點天」，點官接道：「天長地久」（在○中點一點），執事：「點地」，點官接道：「人傑地靈」（在□中點一點），執事：「請點後裕」，點官接道：「大發大旺」（點「後」字的捺），執事：「請師惜言」。點官聞此將毛筆從右肩向後擲出，眾人爭搶，得到者將筆給自家小孩用來寫字、可讀書上進、成名成才。之後將靈牌放在托盤裏，由孝子頂在頭頂，孝子、兒媳、孝女順時針繞棺柩三圈後，來到家中祖先龕前並匍匐長跪，由執事助其安置靈牌、焚香致祭，接下來便是出殯大典。

3. 出殯儀禮：搭橋—出殯—路祭—謝客—下葬

搭橋：出殯儀式開始，起棺，孝子匍匐跪地為父母搭橋，抬棺者使棺柩從孝子身上經過，前行 3、40 米，孝子再次跪地，重複剛才的儀式。所謂搭橋，就是孝子搭救父母過河過溝，使其能夠順利到達陰間。

出殯：出殯的時間要請風水先生算過，出殯日若無特殊情況，縣城一般是中午 12 點、農村是 3～5 點之間。出殯路線：出殯不僅是活著的人為死者送行，它還是一種展示，展示一個家庭或家族的實力、地位、影響以及子女對孝道的履行，所以出殯的路線一般離不開主要交通幹線。在巍山縣城，不論死者家住何處，出殯的隊伍最終都要走到四方街並繞行一周，因為四方街是縣城的中心，被四條街圍在中間的是一座明代的城門樓，是巍山縣城的象徵。在農村，出殯的隊伍也要在村中走上一圈、雖然沒有多少人旁觀，他們卻並未因此有絲毫的馬虎。出殯的隊伍：分別有 3 個花圈（6 人抬），一個祭幛（4 人抬，16 條祭幛由 40 幾位女性牽引），懸掛遺像並有對聯「壽終德望永在，身去音容長存」的「像亭」，供奉死者靈位並有對聯「畢生賢德孚鄉里、一世勤勞榜兒孫」的「靈亭」，「救苦天尊」小亭子；童男童女各 5 人分 2 列，每人托一個小盤，上面分別放著松木、鮮花、茶、米、蠟燭、玉鐲、酒杯、蘋果、佛珠、上衣（手掌大小、用布自製）；洞經先生樂隊（笛子 3 人、二胡 3 人、鑼 1 人、鼓 1 人、大鑔 1 人、小鑔 1 人、雲樂 1 人），一路吹奏《草八平》曲調；孝子賢孫著孝衣、孝帽、執哭喪棒，由兩人攙扶，長孫打引魂幡，幡杆用青竹做，末梢保留部分青竹葉，白紙做幡，頂端繫手帕一塊，其餘為孝女、兒媳及親友；靈柩為黑色，披毛毯，棺上綁一隻公雞（稱「壓村雞」，留待次日告山時供獻給山神），棺外罩豔麗的「花棺」（租來的花棺，飾以花朵和八仙塑像，頂上還有一個「送財童子」）。

路祭：又稱道祭、路奠，指親朋故友在出殯沿途設奠致祭。在巍山，設路祭多為女兒、女婿，若無女兒，也可由孫女婿或侄女婿備辦。把棺材從家裏面抬出來到村口，要停下來，女兒、女婿在中途設供桌，擺滿供品。出殯隊伍至，女兒、女婿在供桌前焚香跪拜祭奠，並由先生誦讀「祭文」。讀畢祭文，向經先生和抬棺者等人贈送煙糖瓜子、聊表謝意、路祭結束，才繼續抬棺上路。

謝客：出殯隊伍行至城外或村口停下，去掉花棺及棺上的毛毯，孝子、兒媳、孝女在棺前跪地叩首，並向參加送葬的眾親友拜謝，期間鳴鞭炮三次。親人的悲情也在此時達到高潮，痛哭不能自持，與亡人做最後的道別。再起棺，

孝子賢孫執幡與抬棺者等人快步向城外或村外跑去，當地人解釋說這是為了不使傷心欲絕的親人追趕上。

下葬：下葬：很多村落、家族有自己的祖塋地，一般距離都不遠。宗旗廠宗氏家族的祖塋地較特殊，遠在18公里以外的雞鳴山，是明代成化年間御封的，需費時一天才能到達。墓坑事先挖好，動土時間（挖墓坑第一鑔土的時間）不得與死亡的時間相沖。下葬時間據生辰八字算出。先由一位經先生在坑底用石黃粉（黃色）灑一幅太極八卦圖，然後在棺下死者心的位置，放一個五寶陶罐（罐裏裝有用米、茶、銀、鹽、糖的五寶，五寶分裝為用紅綿紙包的小袋，男九女七），拿紅布蓋上，五色線栓起，然後下棺、鳴鞭炮。

有的地方，還要請吹打的藝人來吹嗩吶，他們叫「吹打三炮」：

　　筆者：吹什麼調？

　　畢摩：過山調。過山調有蜜蜂過江調等七七八八的好幾種。憂調不能放到喜調裏面用。最有代表的那個他們已經吹不出來了，叫「叫停調」，又叫「葉落歸天調」。是人要下葬吹的那個調，人要下葬的時候吹，吹得太悲慘，吹得鳥都會掉下來。那個嗩吶調非常悲哀，但那個調的演奏技法很大，會吹的藝人不多。〔註49〕

兒子、女婿各抓一把土繞棺走三圈後將土灑在棺蓋上，其他人隨後鑔土掩墓，壘墳時用扁柏木樁釘在墳的四方。由於挖壙動土，所以要燒土神、山神土地馬子，以及全套的謝陰土馬子。最後眾人分食米糕。

土神。雲南巍山　　　　　　　　　山神土地。雲南巍山

〔註49〕訪談：鄧啟耀，訪談對象：阿赫、羅開亮，訪談時間地點：2012年2月19日巍山彝族回族自治縣紫金鄉泥利午村。

4. 終喪儀禮：告山—做「五七」—滿三年

告山：於出殯次日舉行。從調查材料看可分兩種類型。宗旗廠宗氏家族可代表一類，在墳上豎一塊「山神石」（多數在附近隨便撿拾的一塊石頭），供奉雞、肉、酒、菜、糖、水果、金銀錁子等供品，焚燒香錢，請一個經先生（只帶一個小木魚或小鑼）到場念經並向「掌山山神宮」和「后土黃泉宮」燒兩道表文。立「山神石」的目的是請山神看顧、保佑亡者。

縣城及其周圍屬另一類。除了也要在墳前供獻祭品、焚香燒錢外，他們還必需前往城東南三公里處的土主廟「打交代」。關於「打交代」當地人有個形象的比喻，就是「上戶口」，否則亡者在陰間便居無定處。在此，除進獻供品、燒黃白錢、金銀錁外，最重要的是要燒十幾道「表文」〔註50〕。表文由經先生或文書〔註51〕寫就分別裝入用黃紙糊成的錶殼中，錶殼上均注明各神靈都府的名字，有：白鶯太子、文武判官、宣王府（即該土主廟）、九元皇宮、鐵柱三郎、黑衣使者、白衣使者、八藩宮、冥府十王宮、威侯府、陰陽橋界、大生仁聖宮，北陰豐都府、頭道衙門、管魂宮、兵戈廠等。在經先生歡快的洞經音樂《送表調》的伴奏下，孝子、孝女等將表文、全套上墳馬子和香火紙錢等送入廟門外「紙火庫」〔註52〕內焚燒，儀式結束。

作「五七」：唐宋以來至民國民間有「作七」習俗、即「從初喪日起，每隔七日祭奠或做佛事等，到七七四十九日止。」〔註53〕在巍山，民間盛行作「五七」、即祭奠五次，五七三十五天。屆時，至親為亡者供設豐饌、焚香燒錢和全套上墳馬子。

滿三年：作完「五七」後、遇百日、一週年、二週年例行祭奠，三週年時行大奠，當地稱做「滿三年」。屆時無論經濟條件如何，必請洞經先生（至少八人）到家中念經，眾親友亦致冥錢、祭品前來祭奠，孝子孝女需著白孝。談演洞經一般頭尾三天，所念經文通常有：《救苦三轉經》、《雷霆三轉經》、《三官三轉經》、《玉光三轉經》等，若談演三天以上，上述諸經還可由三轉變為九轉。談經時所用的洞經曲牌、談腔主要有：《雁落沙》、《柳青娘》、《慶天宮》、《慢玉言》《風入松》、《直腔》、《高腔》、《老腔》、《四平腔》、《八平腔》等。

〔註50〕表文：即道教建醮時上啟奏達仙聖神前的疏詞，一般寫明做會者的各種要求和願望，有很多種類。
〔註51〕文書：民間宗教活動中專為人寫各類關牒、表文、奏疏、祝文者。
〔註52〕每個寺廟都有，一般用磚搭建成，專燒表牒、香火紙錢等。
〔註53〕周文柏主編：《中國禮儀大辭典》中國人民大學出版社，1992年版，第218頁。

滿三年表示服孝三年期滿，此時需貼除孝服的「紅對」（指對聯）而將三年前辦喪事時貼的喪輓聯覆蓋，對聯用典行文有通用的，有的因死者性別不同而有所差別，例：「慎終易盡三年禮，追遠難忘百世恩」（男女通用），「耿耿忠心三年禮盡，綿綿後代百世盛昌」（男女通用），「慎終未報嚴親德追遠常存赤子心」（男），「慈萱隔世已三載美德傳家蔭百年」（女），橫批、門心多通用：「除服從吉」、「德澤垂裕」、「鼎祉呈祥」等。屆時依然要為亡者供設豐饌、焚香燒錢和全套上墳馬子。

做「滿三年」支付設筵、請先生、買香錢紙火等多項開支，費用一般在二三千元左右。按舊制，居喪期間不得宴樂、婚嫁、門戶不換舊符。滿三年後，生活、勞動一如平時，家中又可以在春節時貼上喜慶的春聯了。

以後，但逢清明、中元節，都要請亡靈回家。有的地方，要到墳地叫魂，從那裏拿回一個螞蚱之類小蟲，唱過門調，請亡靈回家接受祭祀。過完節再把它們送回去。〔註54〕

田野考察實錄：昆明落土儀式

母親於 2008 年夏天高壽去世，骨灰準備與父親安葬在一起。母親生前相信靈界的存在，所以，我們決定按雲南習俗，在母親骨灰落土時做個儀式。

按照儀式專家的建議，骨灰落土儀式宜在冬月做。12 月，我從廣州飛昆明，與從上海來的哥哥匯合。擇好的日子是農曆冬月二十三日。是日一大早，兄弟姐妹捧著母親的骨灰，帶著儀式專家交待需要的祭品，外甥開車，大家一起乘車去昆明西部的觀音山公墓墓園。

墓園有專門的工作人員收費操辦儀式。現場觀察主要儀程有：

開墓　父親在此已經安息十二年，開墓時，工作人員讓親人迴避，以免不利生（活）人。他們開墓時燃香，口中念念有詞，大意是驚擾到亡靈了，希望不要介意，因為是老伴來相聚了。墓基本都是墓園統一規格的，石板很容易就撬開了。這時要燃放鞭炮，驅趕無關的靈物。

掃壙　挖出一個可以安放骨灰盒的墓穴後，工作人員把一隻紅公雞的冠

〔註54〕2001 年暑假在巍山的田野考察，主持鄧啟耀，參與者中山大學人類學系老師朱愛東、人類學系學生嚴麗君、楊美建、葉茵茵、李國權、哲學系學生李文、蘇州大學學生倪黎祥、雲南群眾藝術館畫家劉曉、攝影家羅雲偉等，葬禮方面田野考察筆記由朱愛東、嚴麗君撰寫；2012 年暑假巍山田野考察及筆記為鄧啟耀獨自完成。

－883－

子掐破，以雞血掃穴，並把血抹在墓碑上，然後燒山神土地紙和紙錢，以酬謝山神土地准予動土。

安棺（骨灰盒）　先在墓穴中撒米，用金箔紙錢鋪金地磚（「鋪金」），再撒一些紅色粉末，然後安放骨灰盒。放好後，在骨灰盒上用銀箔紙錢仿瓦蓋於其上，稱為「蓋銀」。之前均由工作人員操作，蓋中間最後一片「瓦」時，則由長子動手。

落土　參與儀式的子孫捧土掩埋，每人三捧。工作人員在旁邊念：「一捧金，二捧銀，三捧平安富貴」。

蓋板　親屬列隊告別，工作人員在旁念：「死魂入，生魂出。」告知親屬再次迴避，鳴放鞭炮。

祭獻　工作人員蓋好石板，打掃乾淨，招呼大家返回。直系子女燃香三柱，跪在墓碑前祈禱；婿（媳）、孫及親朋好友燃香一柱。敬獻酒茶、果品和糕點，再燒紙錢。

告別　燃放鞭炮，離開，工作人員交待「不得回頭」。

六、導引和超渡

「我們從哪裏來？我們是誰？我們到哪裏去？」是宗教、哲學、人類學等追問的問題。人死之後到哪裏去了？古今中外均有不同的回答。民間信仰多認為亡靈需要回歸祖地，與前輩祖先共同生活；佛教認為死者因生前行為善惡或前世因果。或墮地獄，或升「淨土」；道教認為好的修行者可以「羽化」成仙，一般人善終者與祖靈同享香火，凶死者成為孤魂野鬼；基督教亦有天堂或地獄兩個選項……由此衍生出不同的儀式和行為。

導引和超渡常用紙符：瘟司聖眾、五路刀兵、白虎、眾神、替身、太歲、哭神、打獵將軍、掌兵太子、白鶯太子、瘋魔祖師、羊希、水汗之神、解冤、橋神路神、消神、黑煞、夜遊、獨腳五郎、水火二神、血腥亡魂、張魯二仙、喜神、土神。

1. 引路

大致來說，雖然亡靈生前的作為已經決定了它們將到什麼地方，但畢竟魂生地不熟，需要導引。於是各族民間信仰就十分流行一種在喪葬儀式上展示長長的「魂路圖」，由巫師按圖念誦「指路經」，引導亡靈過山過水，回歸祖地，

和始祖團聚；佛教則有專職的導引菩薩，帶功德好的善男信女往生淨土。

　　當然，正如現實生活一樣，不一定人人都會得善終。對於凶死、早夭等等意外死亡者，人們普遍的看法是，它們會變成無家可歸的孤魂野鬼，這樣就容易作祟於人。為了安撫和驅逐它們，也會做一些相應的法事，供奉一些祭品，插一些引導的紙旗，散發和焚化一些「往生神咒」紙符，小心引導，打發它們離開。

亡靈信函

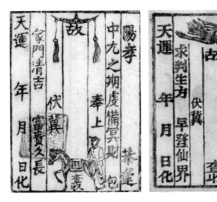

亡靈信函。貴州凱里　　亡靈信函。貴州凱里

接引

　　為了防止去錯地方，送錯和接錯人，喪禮要配很多東西。首先是身份的確認，將死者姓名書寫於文書上，備奉冥財，使其「早登仙界」；然後依不同需要，請往生接引者或送「仙界」，或去「淨土」。下葬要動土，所以要和山神土地紙一起燒。

西方接引南無阿彌陀佛。　西方接引。清，雲南騰沖　東方救苦。清，雲南騰沖
雲南昆明

田野考察實錄：廣東東莞「拜埠頭」

廣東省東莞市漳澎村人認為河湧裏多水鬼，故漳澎人特別畏懼水鬼。為此，每年農曆七月十一～七月十三日，漳澎村人會以坊為單位進行「拜埠頭」儀式。拜鬼的「拜」和拜神的「拜」有著極其不同的含義——七月的拜鬼是指陽間的人「宴請」陰間的鬼，讓「他們」喝飽吃飽後不要來騷擾陽間的人，快快離開陽人生活的地方。拜鬼，實質是一種打發鬼的儀式，因此拜埠頭亦叫「洗湧」，即洗乾淨湧中的「烏糟野」〔註55〕。黃婆婆說：「『陰陽一理』，陽間用金錢疏通關係，陰間也一樣，有錢使得鬼推磨。」

漳澎集體拜鬼主要在三個地方進行：埠頭、水閘和路，都是漳澎村民生活和生產最重要的交通要道，也是意外發生、死人最多的地方。因而村民普遍相信這幾個地方聚集著會擾亂人間的遊魂野鬼。這三個地方中，最重要的是拜祭埠頭，可說是儀式的重頭戲，因而村民多數直接稱這個儀式為「拜埠頭」，其次重要的是水閘，再次是公路，這與過去的漳澎是一個典型的水鄉自然村密不可分，也是漳澎交通發展的見證。解放前，漳澎是一個四面環水的村子，只能靠船進出村子，因而大家都戲稱「嫁女（或好女）不嫁漳澎，漳澎沒路走。」此時的漳澎，任何生產活動、與外界聯繫活動都必須通過水路進行，埠頭就是一個個出發點。不僅如此，埠頭也是村民信仰生活中重要的儀式場所之一。除了七月十四前的拜埠頭，還有喪禮中的買水和出棺、出海前拜祭「喃嘸阿彌陀佛」和社稷神、二月初七的「水仙誕」等節日，也需要在埠頭完成。因而埠頭在漳澎村民的世俗和神聖生活中，都佔據著極其重要的地位。

1956年進行「四鄉聯圍」後，水閘成為村民生活中另一重要的交通要塞。在無水閘之前，漳澎一到漲潮期間就會變成汪洋一片，水閘的建成使得漳澎的圍田數量增多，陸地面積增多，一季稻變成了兩季稻，甘蔗和香蕉種植開始流行。此時的漳澎，水路運輸依然是最主要的交通方式，村民經常穿過水閘到其他地方。然而，水閘附近也經常出現翻船、沉船事故，也有很多人選擇在水閘附近投河自盡。所以水閘附近也是「不祥」之地，也被認為是水鬼最常出沒的地方之一。從平樂公路建成開始，漳澎終於有一條連接外界的公路，再也不是那個被嘲笑「沒路走」的村莊。隨著陸上交通的發展，越來越多居民選擇公路運輸，在公路上發生意外的幾率也增多，因而公路也成為了拜鬼的其中一個點。

〔註55〕烏糟，粵語中骯髒、邋遢的意思；野，東西的意思。廣府人多稱鬼為「烏糟野」，即邋遢的東西。

　　漳澎有集體拜鬼的習俗，各坊自行決定拜祭時間，無先後次序的規定。今年一坊、五坊、九坊在農曆七月十一拜祭，二坊在七月十二拜祭，三坊和八坊在七月十三拜祭，六坊、七坊不拜祭。採訪的四坊和十坊居民都表示時間未定。六、七坊的居民說他們已經有幾年沒集體拜祭了，主要是沒人組織，不拜也無所謂了。本人觀察了九坊、二坊和三坊的拜祭儀式，觀察得最全面的是二坊的儀式。以下的儀式記錄以二坊為主、穿插九坊和三坊的儀式所作的整理。

　　儀式的準備：

　　1. 資金籌備

　　集體拜祭的錢是集體籌集的，一般由坊裏幾個比較有神心的婆婆發起，她們會每家每戶地詢問要不要參加拜埠頭，然後參加拜祭的人家就會給 5、10 元，有的甚至會給 50 元。這幾個婆婆把錢收集後就會用於購置紙錢和準備祭品，並代表交了錢的人家拜埠頭。不交錢的自然就得不到拜鬼的保佑。

　　2. 紙錢香燭準備

　　由於需要大量的金銀紙，所以婆婆們會在七月初聚在祠堂或涼棚裏把金銀紙折好。根據粗略估計，九坊折了五十大袋，三坊折了三十大袋，二坊由於埠頭較少且沒拜水閘，折了二十大袋左右。每大袋大約有七百多個折成元寶型的金銀紙。婆婆們十分注重金銀紙的數量，一定要「夠數」（每袋不能少於七百個）。九坊的一個婆婆由於事先數好金銀紙的數量，被另一個婆婆責備數量不夠，兩人在祠堂裏發生了一點小爭執。除了金銀紙，拜祭鬼魂的金錢還包括大量的冥幣、買路錢和奚錢。每一處拜祭的埠頭都要有一大把細香、一小把大香和幾對紅燭。主埠頭還要準備拜祭神靈的玉帝衣、土地衣和水龍王衣，其他次要的埠頭不需要準備玉帝衣。

　　3. 祭品準備

　　準備拜鬼的食物更是不能掉以輕心。按照傳統的水鄉習俗，拜遊魂野鬼必須要有九碗菜、燒酒、湯、煮熟的大米飯、水果、紅糖和利市（紅包），現在拜祭還增加了香煙、餅乾和壽桃餅等現代食品。各坊的九碗菜有細微差別，但必須要有「頭三」，即整雞、豬肉和雞蛋。除了上述三樣，二坊還準備了燒肉、臘腸、鳳爪、肉丸、肉卷、炸腐竹，八肉一素。再盛上三碗滿滿的像小山墳般的大白米飯（生人非常忌諱盛飯盛得這麼滿，因為這是專門盛給死人和鬼魂的做法），倒上三杯燒酒，還有一鍋肉湯。滿滿地擺滿一桌，可以說是相當豐盛，比一般人平時吃的都要好。除此以外，主埠頭還需要準備一隻用紅紙折成的

船，上面放上一碗白米飯、一尾魚、兩杯酒、兩根柴和一對紅燭。小船放在塑料泡沫上，可隨河而漂流。

由此可見，村民對儀式祭品的數量和質量都是非常重視的，一定要做到得體、大方，要不就會得罪神鬼。

儀式過程：主要分為三個階段，即宴請、拜祭、送鬼。

首先是宴請階段。這個階段二坊和三坊提前了一天完成，九坊是在拜祭當天早上完成。「邀請函」是一支支紅色或綠色的令旗，上面寫著一個「令」字。三坊的令旗上還寫著「三坊土地爺爺」和「三坊水仙爺爺（水龍王）」。然後在自己坊的各個埠頭、巷口、水閘附近、公路口上插上令旗，並一邊小聲念：「土地爺爺、土地奶奶或水龍王爺爺、水龍王奶奶，各方鬼神，明天X坊村民XXXX，邀請你們來吃。」插好令旗後，在旁邊上一柱香。據說這樣做可以起到「引路」的作用，遊魂野鬼看見這些令旗和香就知道要到哪裏去「找吃的」。本人在拍攝令旗的時候，還被路過的婆婆提醒不要一個人在這些地方遊逛，因為鬼會順著這些令旗過來的。

給野鬼引路的令旗和往生神咒符。廣東東莞，2013，區海泳攝

拜祭的時間一般是在下午，沒有固定的時間。由於這幾天經常下雨，儀式都提早到兩點左右進行。儀式從拜祭主埠頭開始。二坊的主埠頭是姓黃埠頭，是一個公家埠頭，與其他埠頭不一樣的地方在於喪禮中的買水、出棺都只能在這個埠頭進行（因為別的私人埠頭不願意做這種不吉利的事情）。在一張小桌

子上擺好祭品後，負責念神的婆婆就會坐好，另外兩個助手幫忙點燃三支大香。

　　下午兩點，二坊的拜埠頭儀式開始，先請天神之首玉帝降臨。念神的簡婆婆念到：「一請二請，請到天上玉皇大帝，今天二坊子民出錢宴請無主孤魂。請你保佑二坊子民做事順利。」兩位助手燒掉玉帝衣。接著，就要拜請土地爺爺。兩位助手一邊燒土地衣，簡婆婆一邊念：「一請二請，請這個土地爺爺，今天二坊人民出了錢買了金銀衣紙，侍奉這些無主孤兒。請你幫他們分配，不要讓他們亂搶亂抓。多得（多虧）土地爺爺扶持保佑，保佑二坊子民個個（每個）一帆風順，讓他們運水當紅。求你幫他們（孤魂野鬼）分配，不要亂搶亂抓，多有多分，少有少派。多得土地爺爺扶持保佑，幫他們分配。」

　　請土地爺爺後，簡婆婆接著念：「一請二請，請這些無主孤兒，上來喝，上來吃，上來分這些金銀衣紙。吃飽就要守秩序，服從領導。你們多有多分，少有少派。你們不要搶不要抓，服從土地爺爺領導。吃飽了，拿了金銀衣紙，就各人各走各路，有墳翻墳，沒墳歸廟閣，不要四處亂搶，亂害（人），服從領導。多有多分，少有少派，不要亂搶亂抓。」助手就把折好的兩大袋金銀紙和大量冥幣、大把香燭一起燒掉，「送給」這些無主孤魂，足足燒了 5 分多鐘才把東西燒完。

　　最後，邀請請水龍王爺爺到來，只聽簡婆婆念到：「水龍王爺爺，水龍王奶奶。二坊子民出了錢買了金銀衣紙侍奉無主孤魂。你扶持保佑二坊子民個個一帆風順、運水當紅、鴻運當頭，請你打開水門開水閘，打開水閘出大船。水龍王爺爺，水龍王奶奶，感謝你扶持保佑子民個個一帆風順、運水當紅。」燒水龍王衣。然後把準備好的小船放在泡沫板上，點燃一對紅燭，插上三支香，簡婆婆念到：「多得水龍王爺爺打開水門開水閘，打開水閘出大船。柴米油鹽整頓好，你保佑它駛出大西洋。」然後把小船放到水裏，順水而流，寓意順風順水。

　　儀式的最後，就把桌上的送菜全部撒到河裏、然後撒米飯、湯和燒酒，最後撒米。一邊撒一邊念：「吃飽就走了，不要來了。」

　　之後開始送鬼。主埠頭拜祭結束，點鞭炮。

　　其他三個埠頭的拜祭流程基本一樣，只是沒有拜玉皇，菜式也沒有主埠頭豐富。而拜公路和水閘的儀式與拜埠頭的儀式基本一樣，但會更加簡略。

　　村民說，在舊社會裏，如果是在村外面死的，很多是不能抬回村裏，因為這樣是非常不吉利的，會把不好的東西帶進村。如果是窮人，本來就沒什麼錢做喪禮的，就會把死在外面的人就地收殮。非正常死亡的（如被砍死、被槍斃死）也是同樣的待遇。如果女人在家以外的地方難產死了也是就地收殮。如果是淹死的，待他／她浮起來之後撈到岸上，在岸上直接收殮。對於帶著壞運氣的、「死不好」的親人，要在死的地方搭個小棚，不讓屍體曬到陽光，再叫子女過來完成剩下的儀式。死者的親人會立刻把棺材抬過來，簡單為死者擦身和換壽衣，收殮好後葬在村子比較偏僻的地方。此外，十六歲以下的孩子在當地人的觀念中是未成年的，因此這些小孩死後也是草草收殮就埋葬了，不會為其舉行喪禮。

　　若想讓「死不好」的親人進家做常規的喪禮，就必須完成一個「招魂」儀式。招魂具體的做法是用死去的人的衣服剪下一個小人的形狀（用來引亡魂），穿在竹竿上，然後用竹竿挑著死人的衣服。用衣服剪下來的小人會把亡魂引回窩裏（家），否則亡魂就不懂得路回家了。親人邊搖竹竿邊喊：「XX，快回來咯。」此外，竹子上還掛著一面鏡子，一種說法是鏡子可以把鬼魂照（召）回來，另一種說法是鏡子可以為亡靈照清路面。經濟狀況允許的話可以請喃嘸佬在旁邊念經超渡亡魂。招回來後，晚上就要上香，給水果和飯菜給他吃。在外面死的、淹死的，招魂儀式必須要在埠頭那兒哭。哭要為女性，所以多會找媳婦哭，因為媳婦是自家屋人，而女兒是嫁出去的，不能讓女兒來哭。漳澎人說：「女兒雖然比較親，但媳婦才是自己家的。」男性是不能做這個招魂儀式的。喃嘸佬在一旁打齋，超渡亡魂，除走亡魂身上的部分黴氣、邪氣，這樣家裏的祖先便不會責怪，可以讓其進屋。〔註56〕

2. 超渡

　　為亡靈超渡，使它們脫離地獄苦海，往生到上一個階位的世界，是幾乎所有信仰群體都有的行為。雖然不同信仰有不同的表述方式，但認為死者將會在另一世界繼續存在的觀念是共同的。超渡的儀式，以佛教、道教的各種法會為最完整，其中，焚化大量紙符、紙衣和紙錢，是法事的一個重要內容。

〔註56〕本田野考察實錄由項目組成員、中山大學人類學系碩士研究生區海泳調查撰寫（2013～2015）。

往生神咒

　　民間俗信認為，超渡亡靈往生另外一個世界，需要有大法力，只有佛道界專業人士才可為。因為需要在如意、書卷和手印圖像中刻寫各種經咒，以增強往生經咒的靈力。其中，最為常見的是送給亡靈的神咒，上書「往生淨土神咒」，刻蓮花僧人像和佛教經咒，兩邊刻印金錢銀錢、男魂女魂或男衣女衣圖形和文字，這些都是送給死者的。祭祖悼亡，或七月半祭鬼時，和大量金方銀方、男魂、女魂馬子一起燒。

往生仙界。雲南保山

往生仙界。雲南保山

往生仙界。雲南保山

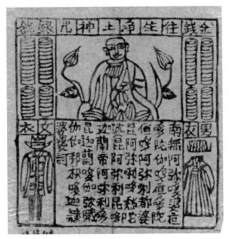
往生淨土神咒。雲南巍山

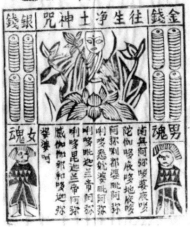
往生淨土神咒。雲南巍山

往生仙界。雲南畹町

往生淨土神咒。雲南大理

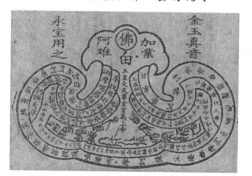

混雜了佛道各種經咒的如意符。廣東

觀音經。廣東

手印與各種心咒、經咒和神咒。
廣東廣州

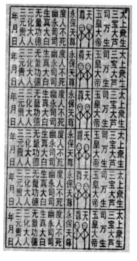

度人符。廣東廣州

往生金錢。雲南　　　　　　　　保山往生神咒。廣東

中元超渡

這應該是一張超渡的圖示：圖分上下兩層，下層當為地府，由中元地官管轄，旁邊是寶庫，專門收受送來的金錢和寶物。燒送的人是亡人的「孝眷」，在「中元赦罪之期」希望亡人某某能夠「火中收」。錢物送到，事情辦成，上層一邊兩個官員模樣的人手持筆簿簽發放行，中間有人指路前往龍華臺，龍華臺也有負責接收的官員。除了官員是站在雲上表示其非人間小吏之外，一切流程皆套了塵世的模式。

中元超渡。雲南玉溪〔註57〕

〔註57〕本圖採自趙寅松、楊郁生主編：《中國木版年畫集成·雲南甲馬卷》（集成總主編馮驥才），中華書局 2007 年版，第 283 頁。

田野考察實錄：四川成都大慈寺盂蘭盆會

四川成都大慈寺位於成都市中心，座北向南，前為糠市街北口，後為蜀都大道大慈寺路，是一座歷史悠久、規模宏大、高僧輩出，文化積澱豐厚的中國名剎，世傳為「震旦第一叢林」。高僧中尤以在此受戒的唐代玄奘法師（俗稱唐僧）、在此住持的新羅國王子無相禪師、在此出家赴日弘法的宋代道隆禪師最為著名。他們都是國際文化使者，古往今來深受佛教徒及世人景仰。所以成都大慈寺自 2004 年 4 月 8 日恢復開放以來，每年都有許多來自鄰國的社會團體和海內外代表團來訪，尤其是日本和韓國。

大慈寺的始建年代，據宋代普濟《五燈會元》所載印度僧人寶掌「魏、晉間東遊此土，入蜀禮普賢，留大慈」推算，當為公元 3 世紀至 4 世紀之間，據今已有 1600 多年。

唐玄宗、唐僖宗敕建、擴建大慈寺，共有九十六院，有「精妙冠世」之壁畫千餘堵，[註58] 佔地一千餘畝，世稱「皇家寺院」、「震旦第一叢林」。且唐天寶十五年（756 年），安祿山攻陷長安，唐玄宗避難成都時見大慈寺僧人英幹在成都街頭施粥，救濟貧困百姓，並為國家祈福，他深受感動，乃為英幹敕書「大聖慈寺」匾額，賜田一千畝。大慈寺在唐宋極盛時，佔有成都東城之小半，是成都朝聖、講經、遊覽、商貿之中心，月月有廟會、天天是集市，並形成有名的「和尚街」。這些特殊的歷史文化現象，在全國也是獨一無二的。

明宣德十年（1435 年），大慈寺毀於火災，明末復毀。清順治年間重修，同治六年（1867 年）再次重修，中軸線上建築為山門殿、彌勒殿、觀音殿、大雄寶殿、說法堂及藏經樓、接引殿（1958 年闢東風路拆除），兩旁建築為客堂、齋堂、禪堂、戒堂等，共佔地四十餘畝，山門殿上方，刻有四川按察使黃雲鵠榜書「古大聖慈寺」石匾；各殿堂石柱上，刻有清代名士顧復初等撰書的楹聯。

1965 年，為保護玄奘頂骨舍利，[註59] 大慈寺將舍利移至文殊院代為保管，後歷經文革，輾轉多次，至今玄奘舍利仍保存在文殊院。文革期間寺廟曾中斷 38 年，造成殿宇損壞，文物流失。1981 年，公布大慈寺為成都市文物保

〔註58〕目前大慈寺壁畫尚未公開展出。
〔註59〕玄奘法師的頂骨舍利為其頭部靈骨的一部分，直徑約 3 釐米左右，原安放在圓形玉盒中，現安放在鎏金小塔內，供奉於成都文殊院的佛殿中。

護單位。1983 年，改建大慈寺為成都市博物館。2003 年底，經成都市人民政府批准，成立大慈寺恢復開放籌備小組。2004 年 4 月 8 日，大慈寺正式對外開放。2005 年 6 月 25 日，大恩大和尚榮膺成都大慈寺中興第一代方丈。

　　盂蘭盆會開始前幾天，寺廟已經發布告示，組織信眾和義工做了各種準備，布置好了祭臺、超渡牌位受食壇場、藏經閣殿內大小牌位、觀音殿後的悲願池，「幽冥寶壇」及地獄變相圖、悲願池內作慈航普度超薦墮胎嬰靈的「極樂號」渡船等。

已經大概布置完畢的藏經閣外圍（除了沒有樹立黑幡及下面擺放的祭臺）。四川成都，2015，陳達理攝

藏經閣一側的超渡牌位受食壇場已經布置完畢。四川成都，2015，陳達理攝

正在布置藏經閣殿內小牌位的義工。四川成都，2015，陳達理攝

藏經閣殿內另一邊已經布置完畢的大牌位。四川成都，2015，陳達理攝

已經布置完畢的「幽冥寶壇」。布置在幽冥寶壇側面的地獄變相圖。四川成都，2015，
陳達理攝

悲願池內作慈航普度超薦墮胎嬰靈的「極樂
號」渡船。四川成都，2015，陳達理攝

　　1. 法會主要的習俗之一是寫牌位。牌位，又稱靈牌、靈位、神主、神位
等，寫牌位即指在木牌上書寫逝者姓名、稱謂或書寫神仙、佛道、祖師、帝王
的名號、封號、廟號等內容，以供人們祭奠。

　　大慈寺的牌位的價格從 20 元的小牌位（即印有圖像的紙質牌位）至 8800
元的總主供牌位不等。大慈寺的牌位一共有八種，牌位的寫作規則是將自己或

要幫忙寫的人的名字縱向寫在左方陽世 XXX 拜薦處的中間，其他地方不寫，其中第 4 種牌位較為特殊，下面會詳細介紹。

如下圖所示，牌位從左至右依次是：

印有圖像的紙質牌位。四川成都，2015，陳達理攝

（1）故地基主（即因修建現在自己所居住的地方而受難的生靈以及現在與你共同居住一地的生靈。據義工們表示，來寫這個牌位的人大多是新搬了住所或是覺得自己所住之地不太「乾淨」的人；但在我觀察期間沒有人來寫這個牌位）；

（2）墮胎流產嬰靈（據義工們表示，來寫這個牌位的大多是曾經墮胎或流產的母親，尤其是最近墮胎或流產的母親；頗具戲劇性的是，我看到一位白髮蒼蒼的奶奶來寫這個牌位，從訪談中得知她年輕時曾流產過，當我問她為什麼過了這麼多年還特意來寫時，她表示自己心裏一直因為曾經「扼殺」了一個生命過意不去，雖然當時是迫於無奈，所以每年這個時候都會來寫這個牌位）；

（3）過去現在所畜、所殺、所食、所傷一切有情眾生；

（4）空白（這個牌位是專門為超渡亡故親人設置的，空白的部分先橫向從左至右寫上親人的稱呼，如慈父、慈母，再縱向寫上親人的名字 XXX；

（5）過去今生被本人及親人所吃殺傷害的雞、鴨、鵝、豬、牛、羊、犬、兔、馬、驢、鴿子、螞蟻及一切能飛蠕動類生靈；

（6）一切夢境有緣眾生；即你做夢夢見的任何生靈。我問義工為什麼夢到它就要為它寫牌位呢？義工回答：「為什麼偏偏是你夢到它呢？（為什麼是你夢到它而不是別人夢到它呢？）為什麼你夢到的偏偏是它而不是別的生靈呢？」我說：「我不知道啊」。義工回答：「世間的一切都不是無緣無故的，你夢到它（它要來找你）肯定是有原因的，原因通常就是你曾經做過什麼影響了它或對不起它的事，所以你才被它惦記」。我問：「那該怎麼辦呢？」「每年這個時候給它們寫牌位讓法師幫你超渡啊，它們被超渡了就走了，就不會來找你了」；

（7）累世父母師長、十方法界一切有情眾生、歷劫遠親債主；據我觀察和瞭解，寫這個牌位的人的數量是僅次於第 4 個空白牌位的，據訪談得知它們寫這個牌位是希望自己幾生幾世欠下的債能夠被償還，進而遠離災禍，得佛庇佑；

（8）一切夢境；即你做夢夢到的任何事物。我向義工瞭解這一個牌位與第 6 個「一切夢境有緣眾生」有什麼不一樣，他們的回答是一切夢境包含的範圍比第 6 個「一切夢境有緣眾生」更加廣和多，但其實差別不大。所以，一般要寫這類牌位的都是這一個和第 6 個任寫其中一個。

我為已故的奶奶寫的牌位。一方面為了順利進行訪談所以佯裝想寫但不瞭解規則，所以與義工們攀談，但在將我的情況（我調研的前一天夢到了奶奶，雖然她只是出現在我的夢境中，什麼也沒說，什麼也沒做）告知他們之後，他們說這是你的奶奶「沒走好，需要超渡」。我便寫了這個牌位以表我的心意；有趣的是，我在寫奶奶的名字時，剛寫完第一個字，義工對我說「妹妹你要把字寫大點，寫清楚點，不然你奶奶認不得」，於是我努力在後面的書寫過程中寫大一點。

寫完牌位之後，義工會給你一張發票，並且根據發票右上角的編號為你的牌位編上號，這樣法會當天寫了牌位的人就可以根據發票的編號在「受食壇場」尋找自己寫的牌位以「檢驗」寺廟是否有超渡到自己寫的牌位。

隨著法會的臨近，寫牌位的人比昨天更多了。四川成都，2015，陳達理攝

　　讓我印象深刻的是最遠處一位帶著孫兒來寫牌位的奶奶，她一邊手把手地教孫兒寫牌位一邊教導孫兒：「你吃過他們的肉，給他們寫這個超渡好讓他們不痛苦，他們不痛苦就不得來找你的麻煩」。這時跟他們一起的奶奶（應該是孫兒的奶奶的朋友）跟著說：「以後看到螞蟻都不要踩死，蚊子蟑螂都不要打，回去跟爸媽妹妹都說不要打」。他的奶奶跟著囑咐道：「寫慢點，字不要寫的那麼草，要不然他們認不到收不到」。

師傅正在按照奶奶給的紙條幫奶奶寫牌位。四川成都，2015，陳達理攝　　義工奶奶正在幫助一位奶奶寫牌位。四川成都，2015，陳達理攝

　　2. 法會習俗之寫戒包

　　大慈寺在法會開始之前一共有 2 個地方售賣戒包，一個是在藏經閣側面的路上有大慈寺新建毗盧殿工程募捐處的攤位，這個攤位從大慈寺擴建之始決定修建毗盧殿之時就擺在這裡，這次法會也將它作為一個臨時賣戒包的主要地方。

法會售賣戒包的主要地方，也是大慈寺新建毗盧殿工程募捐處。四川成都，2015，陳達理攝

一名義工奶奶在整理戒包，另一名義工奶奶在為穿花裙子的女士介紹怎麼書寫規範的戒包。因為這條路是寺廟的主要道路，經過的路人看到這個攤位幾乎都會停下來買戒包寫或詢問什麼是戒包，並在瞭解之後買幾包寫上。四川成都，2015，陳達理攝

奶奶身後推著的裝滿戒包的大袋子；據奶奶說她在這裡賣戒包已經賣了一個多月了，還要擺攤到七月半最後一天。這裡是目前所有的戒包，之後的戒包的數量會更多，至少達到這裡的兩倍。四川成都，2015，陳達理攝

觀音殿後門的次要戒包攤位，這裡還兼賣一些天然健康的米、麵、茶、油等〔註60〕；這裡與募捐處的主要戒包攤位相比有更寬敞的寫戒包的空間，因為寺廟擺放了很多張桌子供人們寫戒包。四川成都，2015，陳達理攝

〔註60〕據義工表示，寺廟售賣的米、麵、茶、油等是寺廟的師傅們出於慈悲心，希望眾生能夠吃到天然、健康的食品，所以特意去各地考察之後在農村定向購買的。這些商品售賣的價格沒有利潤，售賣的錢全部用於寺廟的日常開支和修建工程，且師傅每年還會去生產這些食物的土地上做法事。

寫戒包的規則

我買了一個戒包並按照奶奶教的規則寫好，黃紙寫了 5 張（她們說寫 3 張或以上都可以，也可以每張都寫，但只要寫了 3 張對方就能收到了），然後她們將所以黃紙包上所有的紙錢，然後一併放入裝寫好的戒包的大袋子裏。這裡的桌子上備有筆而且有寫好的模板（上圖中右上方）。四川成都，2015，陳達理攝

　　具體的規則：戒包封面：在戒包封面的中間空白處先橫向寫上已故親人的稱呼，再在其下縱向寫上已故親人的姓名；接著在封面左側的「陽上」（即健在的人）下方縱向寫上自己的姓名以及年、月、日；然後再在「陽上」左方的「地址」下方縱向寫上自己家的具體地址或寺廟地址。（地址原本是寫具體的燒戒包的寺廟地址，但也可以寫自己家的地址）。

　　戒包內部的黃紙（詳見下圖）：在黃紙中間的空白處，即「設壇奉」的上方寫上寺廟的名字（意為在這個地方設壇奉食）；接著在寺廟名字左方的「等設放焰口」上方寫上寫戒包之人的名字（也可以多寫幾個已故之人的其他親人）；然後再左下方「承杖佛力早生蓮界」下面寫上已故親人的姓名；最後在最左邊的下方寫上做法事的大師的法號。

　　另外在寫戒包的過程中有兩點要注意：一是全部儘量縱向寫，尤其是戒包內部的那張黃紙（除了戒包封面中間的已故親人的稱呼需要橫向寫）；二是寫的字儘量大，儘量清楚，因為義工們說如果寫的小或不清楚，會影響逝去的親人「收錢」。這裡有一點很有趣，我疑惑地問「那他們到底是怎麼收到錢的？」義工奶奶神氣地回答說：「法師做了法事了的嘛，錢燒完你看到一直冒煙子，然後就直接從這邊飛到他們那邊，然後你寫的有地址、名字的嘛，就直接飛到他們手上去了撒！」這時另一位奶奶接著說：「喔！對頭！所以說剛剛喊你字寫大個點清楚點撒，不然寫的亂糟糟的錢到那邊就是昏的，就到處亂飛，你奶奶可能就收不到的嘛！」

　　觀音殿門口的阿姨教我寫的規則：阿姨教我寫的規則和募捐處奶奶教我寫的規則一樣，但有 2 個不同的地方；一是她們用黃紙包紙錢的方式不一樣，阿姨是讓我寫 5 張，然後將紙錢分成 5 份，其中 2 份比較多，另外 3 份比較少，然後分別用 5 張黃紙包上，再將它們疊好放入戒包內；二是阿姨特別囑咐我在拿著戒包去把它放入燒戒包的口袋裏的過程中一定要雙手拿，而且要橫著拿！並且在要將戒包放入燒戒包的口袋裏時閉上雙眼，心裏恭敬地默念 3 遍「平安順利，平安順利，平安順利」。

在觀音殿門口的阿姨的指導下寫好的戒包。
四川成都，2015，陳達理攝

　　我正在看阿姨指導一位奶奶寫戒包，阿姨說：「這樣寫才對嘛，最正規！妹妹買點來寫嘛，才八塊錢表自己的孝心，超渡親人。」

　　我問：「這邊寫了燒和自己在家裏燒有啥子不一樣嗬？」

　　「肯定不一樣撒！這邊師傅給你練咒語，做法事，那麼虔誠！這些都是心誠則靈的嘛，直接就送給親人了。你寫的，自己燒的，不一定收的到的嘛！那麼多孤魂野鬼咋個搶得贏嘛？到手了沒得幾塊錢了，他們根本不夠用！他在那邊就過的不好，他不好你就不好。」阿姨耐心地解釋道。

　　於是我買了一個戒包來寫。我一邊寫阿姨一邊指導我：「妹妹你寫完，我給你包起，三張一小包，裝三小包，剩下的兩大包，一共五包。」

　　我疑惑道：「這是啥子講究嘛？」

　　阿姨說：「是撒，這是最規整的。一個親人一大包，這樣包好燒，一年燒這一次，（他們）就夠用了。」

「我剛剛看到有個阿姨一包寫了三四十個人，每人2、3張那樣可以不？」我問到。

阿姨激動地說：「哎呀！我那天也是看到（順便也跟旁邊的阿姨手舞足蹈地講）有個女娃娃在這兒寫了多半天，一包寫幾十個人。她還問我『這樣可以不？』嘿！我咋個好說喃，我只是說，這個看各人。但我咋個好說嘛，你一包分那麼多個人，每個人怕分的到幾角錢哦，哪裏可能夠用嘛，硬是想的出來。」

法會開幕第一天（2015年8月14日）

法會開幕當天早上八點，寺廟裏的人開始多起來。四川成都，2015，陳達理攝

正在認真看寺廟通知的奶奶們。四川成都，2015，陳達理攝

這個新增攤位的位置幾乎是當天所有各種攤位中位置最好的，在寺廟主要通行道路的一側且在寺廟主要殿宇藏經閣的斜前方。四川成都，2015，陳達理攝

另一邊，成都市老年康療院也在寺廟裏舉辦義診，圖為義診前工作人員在懸掛橫幅。四川成都，2015，陳達理攝

法會過程：

開壇，灑淨，懸幡，請水，拜懺，供燈，誦《地藏經》——盂蘭盆會的第一天，大慈寺在忙碌而充實中度過。

灑淨，開始：

早 8 點，大慈寺方丈大恩法師率領四眾弟子在藏經樓壇場舉行了本次盂蘭盆會的開壇灑淨儀式。約 500 名信眾及遊人隨喜參加了灑淨儀式以及接下來的佛事活動。

在現場可以看到，整個藏經樓按照佛教儀軌被布置成法會主壇場，最正中是鮮花、香燈和水果簇擁的法臺，供奉著佛陀像以及大功德主祿位。而壇場兩側，則全部供奉的是諸眾善信及六親眷屬的往生蓮位。

自這日起，在為期半個月的時間裏，大慈寺將率領四眾弟子全天拜懺、誦經以及進行三時繫念和放焰口等佛事活動。

法會主壇場。四川成都，2015，陳達理攝　　壇場兩側供奉的諸眾善信及六親眷屬的往生蓮位。四川成都，2015，陳達理攝

8·12 陝西山陽泥石流遇難同胞往生蓮位和 8·13 天津塘沽大爆炸遇難同胞蓮位。四川成都，2015，陳達理攝

灑淨儀軌如理如法地進行著，被迎請至壇場主法的大恩大和尚，展具、拈

香、持咒，在聲聲佛號中，將楊枝淨水灑向大地，灑向虛空，灑向法會的每一個角落。

懸幡，昭告

「寶幡長空繚繞，到場瑞彩堂堂，恭望聖賢垂降格，願臨法會鑒修崇。」

灑淨之後，便是懸幡。「南無地藏王菩薩摩訶薩」的高大黑幡在風中緩緩招展，大眾合十祈請，至誠禮讚。在佛教儀軌中，發符懸幡是一場法會真正開始的標誌。它祈請諸佛菩薩降臨，祈求護法龍天護佑，感召六道眾生前來聞法受益。

懸幡過程中排列整齊的信眾。和尚、穿海青的居士和穿便服的居士分開來站。四川成都，2015，陳達理攝

請水，大悲

「菩提樹下香風動，正覺山前花雨飛。觀音柳頭甘露水，龍王激濁流無竭。」

把「請水」做為法會的一項重要環節，是由於本次法會專門在觀音殿後的悲願池啟建「幽冥寶壇」，以「極樂號」作慈航普度超薦墮胎嬰靈，所謂「大慈大悲愍眾生」，故而「請水」實則蘊含有對觀世音菩薩大悲的禮敬與學習。隊伍從懸幡處一列排好前往幽冥寶壇前。

在信眾即將到達幽冥寶壇時，一位和尚會給大家每人發放三支香，可以看到每位信眾在拿香之前都會先恭敬的鞠一下躬以表虔誠和敬意，然後再將請到的香在寶壇前的香爐那裏插好。

拜懺，功德

《梁皇寶懺》一直是每年盂蘭盆會的主要懺法，在第一天的緊湊安排中，禮拜《梁皇寶懺》的活動從上午10點就開始了。

　　按照一般人的體力和精神參考，拜懺一整天都會極其疲憊。然而，法師們和居士信眾們卻都要連續禮拜 15 天，實在需要很大的毅力和願力。

　　第一天的拜懺，擠滿了整座藏經樓。為方便信眾拜懺，寺廟將梁皇寶懺的內容投影到殿內兩邊的熒幕上。

正在拜懺的信眾們。四川成都，2015，陳達理攝

義工們正在為大牌位供上淨水。（大牌位200元一個，有單獨的牌位，燈供，淨水和共用果盤；小牌位都是共用的）。四川成都，2015，陳達理攝

　　薦靈，迴向：

　　當第一天的拜懺完成後，法師們帶領大家來到「幽冥寶壇」將拜懺功德迴向〔註61〕給墮胎嬰靈們。

　　第一天的法事就此結束了。

　　法會首日（8.14）之後的法事活動情況

　　1. 三時繫念

和尚們正在帶領十方信眾作三時繫念。四川成都，2015，陳達理攝

〔註61〕　「迴向」，是將自己所修的功德，回轉歸向與法界眾生同享，為亡者追悼，期亡者安穩，同時也使自己趨入菩提涅槃，使功德有明確的方向而不致散失。

2. 供燈

「香花燈水果，茶食寶珠衣」。佛前十供中，供燈位列第三，功德十分殊勝。因為供燈代表以光明智慧照耀別人，犧牲自己，捨己為人。

供燈。四川成都，2015，陳達理攝

3. 2015 天津塘沽爆炸事件與陝西山陽泥石流遇難同胞首七祭法會

8 月 19 日，大慈寺特意舉辦「2015 天津塘沽爆炸事件‧陝西山陽泥石流遇難同胞首七祭法會」，方丈大恩法師率四眾弟子深切悼念和超渡在這兩起大型災難事故中遇難的同胞。〔註 62〕

幽冥寶壇上方懸掛的法會主題橫幅。四川成都，2015，陳達理攝

大恩法師帶領四眾弟子主法，灑淨。四川成都，2015，陳達理攝

〔註 62〕本田野考察實錄為筆者學生、項目組成員陳達理調查並撰寫。

灑淨儀式中,大恩法師帶領四眾弟子在經聲佛號中繞奉食壇場。四川成都,2015,陳達理攝

匯供奉食,盞盞冥燈。四川成都,2015,陳達理攝

大恩法師在準備好的戒單上施灑淨水,慈悲施咒,願為亡靈指引道路,即刻得度。四川成都,2015,陳達理攝

夜晚的幽冥寶壇前,特殊陣型的幽冥供燈已然就位,燈火灼灼,為亡靈指引方向。四川成都,2015,陳達理攝

法師帶領大眾虔誠誦念《地藏經》,並以此功德迴向亡靈,救拔超脫,速生西方。四川成都,2015,陳達理攝